Manfred Krüger   Meditation und Karma

Manfred Krüger

MEDITATION UND KARMA

Eine Einführung in die
Anthroposophie
als Gralswissenschaft

Verlag am Goetheanum

Für Christine Krüger

Alle noch bestehenden Autorenrechte Rudolf Steiners liegen bei der Rudolf Steiner Nachlaßverwaltung, Dornach

Einbandgestaltung von Walther Roggenkamp

Satz: Allprint AG, Zürich
Druck: Benziger AG, Einsiedeln

ISBN 3-7235-0456-6

Inhalt

5

ZUR METHODE DER KARMA-FORSCHUNG

BLICK AUF ERGEBNISSE DER KARMA-FORSCHUNG

DER STURZ DES DRACHEN

DER GRUNDSTEIN

NACHWORT

ANMERKUNGEN

DER WEG DER ANTHROPOSOPHIE

Materia est principium individua-
tionis.

«Wenn wir das Ich im reinen Gedanken fassen, dann sind wir in einem Zentrum, wo das reine Denken zugleich essentiell sein
materielles Wesen hervorbringt.»

Rudolf Steiner

Geistige Kommunion

Der junge Rudolf Steiner formulierte: «Das Gewahrwerden der Idee in der Wirklichkeit ist die wahre Kommunion des Menschen.»[1] Zu dieser Einsicht gelangte er beim Studium von Goethes Naturwissenschaftlichen Schriften, die er im Rahmen von «Kürschners deutscher Nationalliteratur» und dann teilweise auch im Rahmen der Weimarer Sophien-Ausgabe herauszugeben hatte. Diese frühe Einsicht, die er schon als Student formulierte, kennzeichnet den Weg der Anthroposophie, sein Lebenswerk. Wie ein Leitmotiv oder wie ein Thema mit Variationen kehrt der Satz immer wieder, in immer neuen Formulierungen.[2]

Der neuzeitliche Mensch erlebt zwischen Idee und Wirklichkeit einen Abgrund. Das Wort «Idee» steht für geistige Welt; «Wirklichkeit» meint hier Sinneswelt. Platon sah noch in der Idee die eigentliche Wirklichkeit. Sein Schüler Aristoteles weckte den Sinn für die Wirklichkeit der Sinne. Der Gegensatz von Platonismus und Aristotelismus zieht sich in verschiedenen Ausgestaltungen durch die Geschichte des Abendlandes und erscheint im 19. Jahrhundert als Gegensatz von «Idealismus» und

«Realismus». Rudolf Steiner hebt in Anknüpfung an Goethe diesen Gegensatz auf. Die Idee ist nicht – wie Platon meinte – in einem Reich jenseits der Sinneswelt zu finden, sondern in ihr selbst. Wer die Idee in der Wirklichkeit gewahrt, schlägt im Akt des Gewahrwerdens die Brücke über den Abgrund zwischen Ich und Welt.

Diesen Brückenschlag nennt Rudolf Steiner die «wahre Kommunion». Wenn er diesen religiösen Terminus wählt, dann im Wissen um seine Bedeutung. In seinem Werk ist Christologie die innere Mitte. Immer wieder hat er das Ereignis von Golgatha als die entscheidende Wende in der Erd- und Menschheitsentwicklung beschrieben. In vorchristlicher Zeit konnte die Idee jenseits der Sinneswelt gefunden werden, platonisch gesprochen: in der geistigen Sonne. Erst seit der Logos sich mit der Erdenwelt verbunden hat, also seit dem Ereignis von Golgatha, kann er *im* Irdischen gefunden werden. Darum steht hier der Ausdruck «Kommunion» zu Recht. Wer die Idee in der Wirklichkeit gewahrt, begegnet dem Unvergänglichen im Vergänglichen: dem Auferstandenen. Oder anders gewendet: Das Ich kommt zur Welt und findet sein wahres Selbst.

Auf Golgatha wurde ein vergänglicher Leib in einen unvergänglichen Leib verwandelt. Materie wurde vergeistigt. Im Blick auf Golgatha wird deutlich, daß christliche Philosophie nur auf Aristoteles aufbauen kann. Wenn die Sinneswelt negiert wird, wie in der Tendenz bei Platon, kann sie nicht verwandelt werden. Nun hat aber der Aristotelismus den Blick für die Sinneswelt so einsei-

12

tig geübt, daß der Blick für die Wirklichkeit der Idee dabei verloren ging. Und wenn die Wirklichkeit der Idee negiert wird, wie im nominalistisch verfälschten Aristotelismus der neueren Naturwissenschaft, kann die Sinneswelt ebensowenig verwandelt werden.

So zeigt sich im Blick auf Golgatha, daß die Philosophie Rudolf Steiners von Anfang an christliche Philosophie ist. Das «Gewahrwerden der Idee in der Wirklichkeit» setzt sowohl den Blick für die Wirklichkeit der Sinneswelt als auch den Blick für die Wirklichkeit der Idee voraus. Auch die Idee ist wirklich, sonst könnte sie nicht wahrgenommen werden. Und erst in der Zusammenschau beider, im Gewahrwerden der Idee *in* der Wirklichkeit erfolgt die Kommunion, das Einswerden von Ich und Welt.

Rudolf Steiner hat diesen Ansatz weiterverfolgt und bis zu seinem Lebensende immer wieder neu formuliert. Mit 33 Jahren gibt er sein philosophisches Hauptwerk heraus, die «Philosophie der Freiheit». In ihr steht der Satz, der wie eine Zusammenfassung wirkt: «Frei ist der Mensch in dem Maße, als er in seinem Wollen dieselbe Seelenstimmung verwirklichen kann, die in ihm lebt, wenn er sich der Ausgestaltung rein ideeller (geistiger) Intuitionen bewußt ist.»[3] Das bedeutet: Frei ist «der aus Erkenntnis Handelnde». Der erste Teil des Buches beschreibt den Erkennenden, der zweite Teil beschreibt die Folgen für das Handeln. Das Ergebnis ist Freiheit.

Frei ist «der aus Erkenntnis Handelnde»: diese Einsicht ist eine Weiterbildung des Satzes: «Das Gewahrwerden der Idee in der Wirklichkeit ist die wahre Kommunion des Menschen.» Der Abgrund tut sich nun zwischen Erkenntnis und Handlung auf. Erkenntnis entsteht durch das Gewahrwerden der Idee in der Wirklichkeit als einer ersten Stufe der Kommunion, als einer ersten Stufe der Freiheit. Der Weltbezug der Erkenntnis dient auf dieser Stufe aber zunächst dem eigenen Selbst. In der freien Handlung, in der Handlung aus «moralischer Intuition», dient das Ich dem anderen Menschen, der Welt. Frei im höheren Sinne ist nicht der Erkennende, sondern «der aus Erkenntnis Handelnde». Die Verwandlung der Welt beginnt beim Selbst, aber dann ergreift sie auch die Welt.

Am Ende seines Lebens, im Jahre 1924, mit 63 Jahren, hat Rudolf Steiner sein Werk in «Leitsätzen» zusammengefaßt. Der erste Leitsatz lautet: «Anthroposophie ist ein Erkenntnisweg, der das Geistige im Menschenwesen zum Geistigen im Weltall führen möchte.»[4] Das ist wieder der Satz aus den «Einleitungen zu Goethes Naturwissenschaftlichen Schriften» – in neuer Gestalt. Das Geistige im Menschenwesen ist das Denken, das die Idee in der Wirklichkeit gewahrt. Es soll nun zum Geistigen im Weltall geführt werden.

Der Denkblick richtet sich im ersten Satz auf die Wirklichkeit der Sinneswelt. Die freie Handlung in der «Philosophie der Freiheit» bezieht sich ebenfalls auf die Sinneswelt. Wenn nun vom Geistigen im Weltall die Rede ist, dann meint dies die Fülle der Geistwesen, mit denen das Ich ebenso kommunizieren kann wie mit anderen Menschen und der Umwelt allgemein oder mit der eigenen Körperlichkeit.[5] Die Geistwelt ist im ersten und zweiten Ansatz mitgedacht, hier aber deutlich artikuliert und konkretisiert in den weiteren Leitsätzen. Die Verwandlung setzt beim Selbst an und führt über die Sinneswelt zur geistigen Welt. Das ist der Weg der Anthroposophie: geistige Kommunion.

Auf diesem Weg kann der neuzeitliche Dualismus überwunden werden. Das einsame Ich, das sich, getrennt von Gott, einer Welt gegenübersieht, kann diesen doppelten Abgrund überwinden im Vollzug der drei Leitsätze:

«Das Gewahrwerden der Idee in der Wirklichkeit ist die wahre Kommunion des Menschen.»

Frei ist «der aus Erkenntnis Handelnde».

«Anthroposophie ist ein Erkenntnisweg, der das Geistige im Menschenwesen zum Geistigen im Weltall führen möchte.»

Der erste Satz deutet die Erkenntnis als geistige Kommunion. Es ist aber nur deren erste Stufe. Das erkennende Ich kommt zu seinem wahren Selbst. Der zweite Satz deutet das Handeln aus Erkenntnis als Freiheit. Im Erleben wahrhaft freier Handlung vollzieht sich die Kommunion auf einer zweiten Stufe: Das erkennende Ich gestaltet die Welt. Auf der dritten Stufe wird es eins mit der Wesensfülle der Gottheit.

Ideelles und meditatives Erleben

Rudolf Steiner unterscheidet in seiner Autobiographie «Mein Lebensgang» das «Ideelle Erleben» von der «gewöhnlichen begrifflichen Erkenntnis» und vom «meditativen» Erleben, das er als «Erleben durch den ganzen Menschen» charakterisiert: «Das ideelle Erleben, das aber das wirkliche Geistige doch in sich aufnimmt, ist das Element, aus dem meine ‹Philosophie der Freiheit› geboren ist. Das Erleben durch den ganzen Menschen enthält die Geisteswelt in einer viel *wesenhafteren* Art als das ideelle Erleben. Und doch ist dieses schon eine obere Stufe gegenüber dem begrifflichen Erfassen der Sinneswelt.»[6]

Rudolf Steiner unterscheidet also drei Erkenntnisarten. Die gewöhnliche, «an der Sinnesbeobachtung gewonnene Begriffs-Erkenntnis» ist durch Erinnerungsvorstellungen gekennzeichnet. Die zweite Erkenntnisart, die der «Philosophie der Freiheit» zugrunde liegt, ist reines Denken. Das reine Denken erfolgt zwar nicht ohne Körper, aber doch unabhängig von ihm in rein «ideellem Erleben». Mit dieser zweiten Erkenntnisart beginnt der Weg der Anthroposophie. Den weiteren Weg, auf dem die Geistwelt in einer «viel wesenhafteren Art» erlebt wird, eröffnet die Erkenntnisart der Meditation.

Über den Schritt vom ideellen Erleben zum meditativen Erleben äußert Rudolf Steiner sich beispielhaft in einem Vortrag in Zürich am 8. Oktober 1918 folgendermaßen: «[Die Meditation] besteht nicht so sehr in einem Vertiefen des Denkens, sondern in einem Verstärken des Denkens. Gewisse Gedanken, die man sich vorsetzt, die man immer wiederum in das Bewußtsein bringt, bis sie dem Denken so viel innere Dichtigkeit gegeben haben, daß das Denken nicht bloß Denken ist, sondern Erlebnis wird wie ein anderes Erlebnis, das eben ein stärkeres Erlebnis ist als das bloße abstrakte Denken: das ist Meditieren.»[7] Ähnlich hat Rudolf Steiner sich oft geäußert. Meditation, im anthroposophischen Sinne, bedeutet also zunächst eine Verstärkung des ideellen Erlebens. Sie setzt mit der zweiten Erkenntnisart ein und führt zu einer dritten. Schon das ideelle Erleben ist Geisterkenntnis: «Im ideellen Erleben erfaßt man nicht die Sinneswelt, sondern eine gewissermaßen unmittelbar an sie angrenzende geistige Welt.» Durch Meditation erkennt man nichts anderes, sondern dasselbe wesenhaft: Ideelles Erleben wird durch Meditation zu Wesenserkenntnis.

Die gewöhnliche Sinneserkenntnis ist selbstverständlich vom Körper abhängig. Der Körper ist vergänglich; und so ist auch eine davon abhängige Erkenntnis vergänglich. Das bedeutet: Die Ergebnisse können und müssen immer wieder korrigiert werden. Das zeigt die Geschichte der neueren Wissenschaft: ihre Ergebnisse veralten schnell.

Das reine Denken im «ideellen Erleben» erfolgt unabhängig vom Körper und kommt demzufolge auch zu unvergänglichen Ergebnissen: Die Philosphie Platons ist heute noch genau so aktuell wie vor zweieinhalbtausend Jahren. Sie kann in ihrer Denkbewegung ebensowenig korrigiert werden wie Wolframs «Parzival» oder Hölderlins «Friedensfeier». Denker und Dichter bleiben aktuell. Das bedeutet keine Abwertung der Naturwissenschaft. Aber sie ragt nur ins Unvergängliche im Maße als sie von Geisteswissenschaft durchdrungen ist.

Im körperunabhängigen Denk-Erleben erhebt sich das Ich über das Vergängliche ins Ewige. Aber Rudolf Steiner betont, daß die Unabhängigkeit vom Körper im ideellen Erleben nur für den einzelnen Erkenntnisakt gilt, der darum auch immer wieder neu vollzogen werden muß: «Daß aber solche Erkenntnis überhaupt durch den Menschen entfaltet werden kann, hängt davon ab, daß im *allgemeinen* das Leben im Organismus vorhanden ist.»

Beim meditativen Erleben ist es nun so, «daß [die Erkenntnis] nur dann durch den geistigen Menschen zustande kommen kann, wenn er sich von dem physischen Organismus *so* frei macht, als ob dieser gar nicht vorhanden wäre». Das heißt: Der physische Organismus ist selbstverständlich vorhanden; das denkende Ich ist aber jetzt so frei von der Leibesorganisation, als ob sie nicht vorhanden wäre, und das heißt: so frei, daß das Ich verwandelnd eingreifen kann. Das kann das reine Denken nicht. Das reine Denken erlebt den Abgrund. Es kann auch die Einheit denken. Aber es kann die Welt noch nicht umgestalten. Der Körper bleibt wie er ist: vergänglich. Erst meditatives Denken führt ihm Auferstehungskraft zu.

Über das Verhältnis des Denkens zur leiblichen Organisation

Descartes erlebte sein Denken als unabhängig vom Körper und sein Ich im Denken als unsterbliche Wesenheit. «Ich erkannte», schreibt er in seiner «Abhandlung über die Methode des richtigen Vernunftgebrauchs» von 1637, «daß ich eine Substanz sei, deren ganze Wesenheit (essence) oder Natur bloß im Denken bestehe und die zu ihrem Dasein weder eines Ortes bedürfe noch von einem materiellen Dinge abhänge, so daß dieses *Ich*, das heißt die *Seele*, wodurch ich bin, was ich bin, vom Körper völlig verschieden und selbst leichter zu erkennen ist als dieser und auch ohne Körper nicht aufhören werde alles zu sein, was sie ist.»[8] Das denkende Ich und der Körper gehören demnach zwei voneinander unabhängigen Welten an.

Das reine Denken vollzieht sich zwar nicht ohne Körper, aber doch unabhängig von ihm. So, wie der Musiker ein Instrument braucht, um spielen zu können, so braucht der Denker ein entsprechend gebautes Gehirn, um denken zu können. Und wie ein Instrument ohne Musiker stumm bleibt, so wird auch ein Gehirn ohne denkenden Geist keine Gedanken hervorbringen.

Rudolf Steiner schreibt im neunten Kapitel seiner «Philosophie der Freiheit[9]», in einem Zusatz von 1918, über die psycho-physische Organisation und ihr Verhältnis zum Denken: «Man erkennt, daß diese Organisation an dem *Wesen* des Denkens nichts bewirken kann.» Leicht ist dies zunächst nicht einzusehen, denn der «ganz offenbare Tatbestand» scheint dem zu widersprechen. So betont Steiner: «Das menschliche Denken tritt für die gewöhnliche Erfahrung nur an und durch diese Organisation auf.» Im trivial-materialistischen Glauben bringt die Organisation das Denken sogar hervor. Erst eine nähere Untersuchung zeigt das Gegenteil, daß nämlich das Denken die Organisation zurückdrängt. Steiner formuliert: Die leibliche Organisation «weicht, wenn die Tätigkeit des Denkens auftritt, zurück; sie hebt ihre eigene Tätigkeit auf, sie macht einen Platz frei; und an dem freigewordenen Platz tritt das Denken auf. Dem Wesenhaften, das im Denken wirkt, obliegt ein Doppeltes: Erstens drängt es die menschliche Organisation in deren eigener Tätigkeit zurück, und zweitens setzt es sich selbst an deren Stelle».

Diese Einsicht hatte schon Aristoteles. Er sprach vom schaffenden Geist, der die Seele ergreift und die Organisation «korrumpiert»[10]. Gewöhnlich ist die Seele vom

Körper abhängig. Wenn das schöpferische Denken die Seele ergreift, wird sie nach und nach vom Körper unabhängig. Der schaffende Geist setzt sich an die Stelle der körperlichen Organisation und die Seele gehorcht fortan dem Geist.

Das Denken bleibt nicht ohne Einfluß auf die Organisation. Wird sie nur zurückgedrängt oder gar «korrumpiert», wie Aristoteles sagt? Rudolf Steiner gebraucht einen Vergleich: «Wer über einen erweichten Boden geht, dessen Fußspuren graben sich in dem Boden ein.»[9] Die Fußspuren sind nicht den Kräften des Bodens zuzuschreiben, sondern der Wesenheit, die darübergegangen ist. Man spricht vom «Gedankengang». Der Denker geht. Und sein Gedankengang hinterläßt Spuren im Gehirn. Entsprechend formuliert Martin Heidegger: «Das Denken zieht Furchen in den Acker des Seins.»[11a] Es bleibt die Frage nach der leiblichen Organisation: Wenn sie schon keinen Einfluß auf das Denken nimmt, welche Bedeutung hat sie für den Menschen, und was bedeutet es für die Organisation, wenn in ihr und mit ihr gedacht wird? Die Antwort Rudolf Steiners lautet: «Was in dieser Organisation durch das Denken geschieht, hat wohl mit der Wesenheit des Denkens nichts zu tun, wohl aber mit der Entstehung des Ich-Bewußtseins aus diesem Denken heraus. Innerhalb des Eigenwesens des Denkens liegt wohl das wirkliche ‹Ich›, nicht aber das Ich-Bewußtsein. Dies durchschaut derjenige, der eben unbefangen das Denken beobachtet. Das ‹Ich› ist innerhalb des Denkens zu finden; das ‹Ich-Bewußtsein› tritt dadurch auf, daß im allgemeinen Bewußtsein sich die Spuren der Denktätigkeit in dem oben gekennzeichneten Sinne eingraben.»[11b]

Mit diesem Hinweis führt Steiner die Beschreibung des Denk-Erlebens von Aristoteles und Descartes um einen entscheidenden Schritt weiter. Aristoteles und Descartes haben die geistige Wesenheit des Denkens erkannt und zutreffend beschrieben. Die Bedeutung der physischen Organisation jedoch haben sie nicht oder nicht zureichend erkannt. Aristoteles sieht nur, wie die Körperlichkeit zurückgedrängt, geradezu korrumpiert wird. Descartes spricht vom Körper als einer vom Denken unabhängig funktionierenden Maschine und untermauert das weithin herrschende dualistische Weltbild. Im reinen Denken erlebt er sich als unsterblich: «Ich denke, also bin ich.» Der Körper wird dabei entbehrlich. Vielleicht hat er unbewußt etwas von seiner Bedeutung gespürt, wenn er im Anschluß an die Darstellung des Denk-Erlebens in seiner «Abhandlung über die Methode» den Blutkreislauf im Sinne der Entdeckung Harveys beschreibt. Der Zusammenhang von Ich-Bewußtsein und Körper bleibt jedoch dunkel für ihn. Klar erlebt er sein Ich im Denken. Daran knüpft Steiner an, wenn er bemerkt: «Das ‹Ich› ist innerhalb des Denkens zu finden.» Aber dann fügt er hinzu, daß das Wissen von sich selber der leiblichen Organisation zu verdanken ist: Hätte das Ich keinen Körper, könnte es seiner selbst nicht bewußt werden. Das Denken drängt die Organisation nicht nur zurück: Es gräbt sich ein und entwickelt

Ich-Bewußtsein aus der Körperlichkeit heraus. Nach dem Tode, ohne Körper, kann es nicht mehr eingraben. Darum wollte schon der Grieche «lieber ein Bettler in der Oberwelt als ein König im Reiche der Schatten» sein.[12] Er hat die Bedeutung des physischen Leibes erahnt.

Im tieferen Sinne erfahrbar wird das Verhältnis des Denkens zur leiblichen Organisation erst seit dem Ereignis von Golgatha. Das «Wesenhafte, das im Denken wirkt», das die Griechen Logos nannten, hat auf Golgatha seine leibliche Organisation nicht nur zurückgedrängt, sondern verwandelt; nicht korrumpiert, sondern aufgehoben ins Unvergängliche. Golgatha eröffnet die Möglichkeit, daß nicht nur das Ich als unsterblich erlebt werden kann, sondern auch die Organisation, in die es eingegraben hat. Das Denken und seine Organisation werden, wenn auch noch so anfänglich, zu *einer* Wesenheit.

Das Denken baut die Organisation ab; es baut sie aber so wieder auf, daß das Ich-Bewußtsein nach dem Tode aufrecht erhalten bleibt. Rudolf Steiner hat erkannt, daß das Ich nicht nur den Tod, sondern auch die Auferstehung im Denken erfahren kann. Darum ergänzt er seinen Hinweis auf die Bedeutung der physischen Organisation mit der Bemerkung: «(Durch die Leibesorganisation entsteht also das Ich-Bewußtsein. Man verwechsle das aber nicht etwa mit der Behauptung, daß das einmal entstandene Ich-Bewußtsein von der Leibesorganisation abhängig bleibe. Einmal entstanden, wird es in das Denken aufgenommen und teilt fortan dessen geistige Wesenheit.)»[11b] Diese Bemerkung steht bescheiden in Klammern. Sie enthält aber die Antwort auf die Frage des Thomas von Aquino nach der persönlichen Unsterblichkeit.

Das Ich lebt im Denken. Das Ich-Bewußtsein entsteht, wenn das Denken sich in die Organisation eingräbt. Das Ich-Bewußtsein wird dann «in das Denken aufgenommen und teilt fortan dessen geistige Wesenheit», das bedeutet: Nicht nur das Ich, sondern auch das Ich-Bewußtsein, das durch Arbeit am physischen Leib entstanden ist, bleibt nach dem Tode erhalten. Diese Arbeit am physischen Leib macht das Ich zu einem persönlichen Ich. Ohne diese Arbeit würde es sich nach dem Tode von allgemeiner Geistigkeit nicht unterscheiden.

Thomas von Aquino fragte nicht nach der Unsterblichkeit, sondern nach der *persönlichen* Unsterblichkeit. Er behauptete sie gegen Averroës, der mit Aristoteles das Ich in der allgemeinen Weltgeistigkeit aufgehen sah, die nur vorübergehend, zwischen Geburt und Tod, als *nous poietikós* im Menschen Platz greift. Thomas von Aquino rang um die Verchristlichung des Denkens. Die «Philosophie der Freiheit» Rudolf Steiners zeigt den Weg.[13]

In seinen «Anthroposophischen Leitsätzen» von 1924 greift Steiner das Thema noch einmal auf. Im Leitsatz 11 heißt es zusammenfassend und zugleich präzisierend: «Das Selbstbewußtsein, das im ‹Ich› sich zusammenfaßt, steigt aus dem Bewußtsein auf. Dieses entsteht, wenn das Geistige in den Menschen dadurch eintritt, daß die Kräfte des physischen und des ätherischen Leibes

24

diese abbauen. Im Abbau dieser Leiber wird der Boden geschaffen, auf dem das Bewußtsein sein Leben entfaltet. Dem Abbau muß aber, wenn die Organisation nicht zerstört werden soll, ein Wiederaufbau folgen. So wird, wenn für ein Erleben des Bewußtseins ein Abbau erfolgt ist, genau das Abgebaute wieder aufgebaut werden. In der Wahrnehmung dieses Aufbaues liegt das Erleben des Selbstbewußtseins.»[14] Wieder aufgebaut wird «genau das Abgebaute», das heißt: die physisch-ätherische Organisation.

Wer baut ab? Das Denken, das mit Hilfe der Leibesorganisation zu spiegelbildlichen Vorstellungen im Gegenstandsbewußtsein führt, oder anders gesagt: Luzifer im Denken. Wer baut auf? Das Denken, das als reiner Wille zum «Gewahrwerden der Idee in der Wirklichkeit», zur «moralischen Intuition» führt, in der Ich und Welt geeint werden, oder, anders gesagt: die Christus-Kraft im Denken. Im Abbau wird ein spiegelbildliches Selbstbewußtsein erfahren. Nur die wiederaufgebaute Leiblichkeit garantiert das Erleben des Selbstbewußtseins diesseits *und* jenseits der Schwelle des Todes: die persönliche Unsterblichkeit.

Das Denk-Erleben persönlicher Unsterblichkeit ist die Voraussetzung zum Denken der Wiederverkörperung und zur Karma-Forschung, wie sie durch Anthroposophie als Gralswissenschaft eröffnet wird.

GRALSWISSENSCHAFT

Solche Kraft gibt der Stein den
Menschen,
daß Fleisch und Bein flugs Jugend
empfängt.
Wolfram von Eschenbach

Der Weg der Seele und das Abendmahl

Der Weg Parzivals führt aus der «tumbheit» zum inneren Licht der «saelde». Er führt über die luziferische Versuchung der «superbia», der Erhebung gegen Gott, über den «zwîfel», der ihn weit entfernt vom Ziel; dann aber auch hin zur Erringung der «diemüete», der Tugend der Demut, die den Weg zum Gral eröffnet.

Die Tugend der Demut oder der Devotion steht auch heute als Bedingung über dem Weg, der zur Gralswissenschaft führt. Rudolf Steiner hat diesen Weg vielfach beschrieben, am ausführlichsten in seinen Büchern «Wie erlangt man Erkenntnisse der höheren Welten?» und «Die Geheimwissenschaft im Umriß». In letzterem findet sich ausdrücklich die Bezeichnung «Weg zur Wissenschaft vom Gral» und in ersterem vor allem ein Kapitel mit Ausführungen über das Tor der Demut, an dem der Weg beginnt. Das Tor trägt eine Inschrift: *Erkenne um zu dienen.*

Das Wort Demut – mittelhochdeutsch «diemüete» – kommt aus dem althochdeutschen «diomuoti» und bedeutet Dienergesinnung. Die Gesinnung des Dienens ist allererst auszubilden, wenn es um höhere Erkenntnis geht. Wissen soll nicht angehäuft und bewahrt, sondern in den Dienst der Welt gestellt werden.

Vier Eigenschaften werden am Tor zur höheren Erkenntnis dem Gralssucher abverlangt, vier Tugenden, die im Begriff der Demut zusammengefaßt sind: Verehrung gegenüber Wahrheit und Erkenntnis, Achtung und Anerkennung fremder Leistungen und die Tugend der Fußwaschung, wie sie Christian Morgenstern in seinem gleichnamigen Gedicht beschrieben hat.[15]

Ein vierter Aspekt der Demut wird erschlossen in der Ausbildung positiver Passivität: in der Zügelung der Erkenntnisbegierde. Die Wissenschaft vom Gral wird nicht erlangt in vorschnellen Antworten, sondern in der Vertiefung der Frage. Man muß leben können mit der Frage, die Antwort nicht erzwingen wollen, sondern warten können, bis die Antwort sich wie von selbst einstellt. In diesem Sinne schreibt Goethe in «Wilhelm Meisters Wanderjahre» von einer vierfachen Ehrfurcht:[16] Ehrfurcht vor dem, was *über* dem Menschen, was *um* ihn her und was *unter* ihm sich befindet und schließlich die Ehrfurcht vor dem eigenen, höheren Selbst. Das höhere Ich antwortet, wenn das Ich wartet in der Frage.

Das höchste Ich neigte sich am Gründonnerstag – und wusch den Zwölfen die Füße: Urbild der Evolution. Gott steigt herab zum Menschen, damit der Mensch nun wirklich werden kann «wie Gott». Die Inkarnation ist eine große Fußwaschung. Die Erfahrung der Fußwaschung eröffnet das Verständnis für das Mysterium von Golgatha.

Im Evangelium folgt auf die Fußwaschung das Abendmahl. Rudolf Steiner hat die Bedeutung des Abendmahles für die Menschheitsentwicklung erhellt. Grundlage bildet die Seelenlehre, die er in seinem Buch «Theosophie» entwickelt hat. Danach entsteht die Seele, wenn sich der Geist mit dem Leibe verbindet. Darum wird sie als Mittlerin zwischen Geist und Leib bezeichnet. Der Leib ist vergänglich. Er wird mit dem Tode abgelegt. Der Geist ist ewig. Die Seele gehört beiden Bereichen an, der Welt des Vergänglichen und der Welt des Unvergänglichen, und bildet selbst einen dritten Bereich, hat also, als Mittlerin zwischen Geist und Leib, eine dreigliedrige Struktur. Zu deren Kennzeichnung führt Rudolf Steiner drei Begriffe ein: Empfindungsseele, Verstandesseele, Bewußtseinsseele.

Insofern die Seele vom Leibe bedingt ist, macht sie die Sinneseindrücke bewußt. Der Leib bewirkt, daß die Seele Empfindungen haben kann. Die solchermaßen vom Leibe bedingte Seele ist *Empfindungsseele.*

Empfindungen hat auch das Tier, wenn auch nicht im Sinne eines selbständigen inneren Tätigkeitsquells wie der Mensch. Beim Menschen sind aber die Empfindungen durchwoben von Gedanken. Die menschliche Seele kann durch Nachdenken Gelegenheiten herbeiführen, bei denen er beispielsweise gewünschte Empfindungen pflegen kann. Insofern die Seele ihre Verstandeskräfte einsetzt, ist sie *Verstandes- oder Gemütsseele.*

Schließlich kann sich die Seele aber auch dem Geiste öffnen, der Welt des Ewig-Wahren und Guten, den unvergänglichen Werten und Idealen. Sie ist der Erkenntnis fähig. Und insofern Ewiges in der Seele aufleuchtet, wird sie von Rudolf Steiner *Bewußtseinsseele* genannt.

Nun hat sich die Seele aber erst im Laufe von Jahrtausenden so entwickelt. Oftmals und unter verschiedenen Gesichtspunkten hat Rudolf Steiner gezeigt, daß die Empfindungsseele vorzüglich in der ägyptisch-chaldäischen Zeit ausgebildet wurde, die Verstandesseele in der griechisch-römischen Epoche und im christlichen Mittelalter, die Bewußtseinsseele erst in der Neuzeit. Früher waren diese Seelenglieder im Menschen zwar veranlagt, aber noch nicht im eigentlichen Sinne tätig.

Das Verhältnis der Seele zur göttlich-geistigen Welt, der sie entstammt, veränderte sich im Verlauf dieser Entwicklung. Die Seele löste sich nach und nach aus ihrem göttlichen Urgrund heraus.

Den kosmischen Aspekt dieses Individuationsprozesses hebt Steiner besonders prägnant in seinen späten «Michael-Briefen» hervor. Daraus erhellt, daß sich die Götter in den Zeiten, die der Entfaltung der Empfindungsseele vorangehen – vor der ägyptisch-chaldäischen Zeit – über die Leiblichkeit offenbaren. Der Mensch war durch die Sinneswahrnehmung noch unmittelbar mit der Gottheit verbunden. Farben und Töne waren nur die Außenseite einer geistigen Welt, die der Welt des Leibes als gestaltende zugrunde lag. Mit seiner Leiblichkeit bildete der Mensch eine Einheit mit der Natur, die aber als Gottnatur empfunden wurde.

In der ägyptisch-chaldäischen Zeit nahm die Offenbarung des Göttlichen durch die Sinne ab. Die Seele entfaltet sich zwar in der Hinwendung zum Leibe, als Empfindungsseele, aber in der Sinneswelt selbst ist das Göttliche nicht mehr zu finden. Die Welt der Sinne erscheint dem Menschen entgöttert. Dafür taucht das Göttliche nun im Innern auf: zwar nicht mehr unmittelbar, aber doch noch im wirklichen und wirksamen Bilde, in «Bild-Ideen», die die Empfindungsseele erfüllen. Die Bilder, die im Innern aufsteigen, sind wirkliche Abbilder des geistigen Weltinhaltes. Diese Seelenkonfiguration kennzeichnet die ägyptisch-chaldäische Kultur ungefähr vom vierten bis ins erste Jahrtausend vor dem Ereignis von Golgatha. In dieser Zeit liegen die Ursprünge der «Gnosis».[17]

Dann verlieren auch die inneren Bilder mehr und mehr ihre geistige Substanz, sie werden blaß: bei den Griechen, bei den Römern, im christlichen Mittelalter. Das bedeutet aber auf der anderen Seite, daß der Mensch im Zeitalter der Verstandesseele sich seine eigene innere Welt gestaltet. Die Philosophie entsteht. Die Bilder, die ihrer geistigen Substanz verlustig gegangen sind, zwingen nicht mehr, der Mensch kann Freiheit ausbilden. Aber er kann es eben nur in der Gottferne. Die Erfüllung der Seele mit Selbstinhalt bedeutet *notwendig* den Verlust des göttlich-geistigen Weltbildinhaltes.

In dieser Zeit der Gottferne ereignet sich das Mysterium von Golgatha. Und das Gottesopfer kann nicht verstanden werden, da der Mensch seine eigene Welt gestaltet, fern von Gott. Gott wird Mensch und wandelt sichtbare, vergängliche Leiblichkeit in unsichtbare, unverwesliche Leiblichkeit – und die Menschheit befindet sich in einem Seelenzustand, der eine bewußte Teilnahme an diesem Mysterium nicht zuläßt. Da wurde ihr das Abendmahl gegeben: «Da sie aber aßen, nahm Jesus das Brot, dankte und brach's und gab's den Jüngern und sprach: Nehmet, esset; das ist mein Leib. Und er nahm den Kelch und dankte, gab ihnen den und sprach: trinket alle daraus; das ist mein Blut des neuen Testaments, welches vergossen wird für viele zur Vergebung der Sünden.»

Das Abendmahl hatte die Funktion – so lehrt Rudolf Steiner in seinen Vorträgen «Von Jesus zu Christus» –, als vollgültiger Ersatz zu dienen für den verlorengegangenen Zusammenhang mit der geistigen Welt, für den esoterischen Weg zu Christus. Im Vollzug des Abendmahls blieb in der Menschheit das Bewußtsein lebendig von der Verwandlung des Geistes in die Materie, von der Materie in Geist. Im Abendmahl fanden die Menschen, die den esoterischen Weg nicht mehr gehen konnten, «eine wirkliche Vereinigung mit dem Christus». Die sinnliche Vereinigung im Kultus war zugleich eine geistige. Das Abendmahl eröffnete solchermaßen in den Zeiten der Geistverfinsterung einen realen Zugang zum Mysterium von Golgatha, allerdings ohne daß es in seiner Bedeutung durchschaut worden wäre.[18]

Als sich das Mysterium von Golgatha vollzog, waren es wohl nur sehr wenige, die auch seine kosmischen Zusammenhänge durchschauten. Rudolf Steiner schreibt, daß es sich dabei um ein Mysterienleben handelte, «das sich ganz abseits hielt von dem Weltgetriebe, um in Reinheit die Geist-Bilder-Welt zu entfalten. Und für Menschenseelen wurde diese Entfaltung immer schwieriger».[19] Das Mysterienwesen war um die Zeitenwende bereits in Dekadenz. Schon Heraklit hat den Verfall der Mysterien beklagt.

An die Stelle des alten Mysterienwesens trat im Verstandesseelenzeitalter die Gnosis, also jene Geistesströmung, die in der Geistesgeschichte diesen Namen trägt und die zu unterscheiden ist von jener ursprünglichen Gnosis des Empfindungsseelenzeitalters. Rudolf Steiner nennt sie exoterisch im Gegensatz zur esoterischen Mysterien-Gnosis. Von dieser esoterischen Mysterien-Gnosis, in der noch die Esoterik des Empfindungsseelenzeitalters gepflegt wurde, gibt es keine Dokumente. In ihr, sagt Steiner, wurde «durch besondere Schulung... die Empfindungsseele belebt», während sich «auf dem Wege der gewöhnlichen Entwicklung... die Verstandes- oder Gemütsseele» entfaltete.

In den Mysterien wurden «die Menschen immer unfähiger, sich zur Entfaltung der Empfindungsseele zu erheben», so daß sich die Esoterik der Mysterien-Gnosis mehr und mehr in der bloßen «Pflege der Götter» erschöpfte, also ganz äußerlich wurde und das eigentliche Mysterium *nicht mehr* erfaßte. Und auf der anderen Seite versuchte zwar die Gnosis der Verstandes- oder Gemütsseele «ein erkenntnismäßiges, nicht bloß ein empfindendes» Verständnis dem Mysterium von Golgatha entgegenzubringen, kam aber auf diese Weise an die Tiefen des Mysteriums *noch nicht* heran.

In der Empfindungsseele kann sich das Göttliche noch in «Bild-Ideen» offenbaren, es kann gleichsam hineinscheinen. In der Bewußtseinsseele kann es, wenn auch unter Schwierigkeiten, von innen heraus neu entstehen. Die Verstandes- oder Gemütsseele ist demgegenüber am weitesten vom göttlichen Urgrund der Welt entfernt. Die Bilder sind noch vorhanden, aber sie werden nicht mehr verstanden. Das Göttliche scheint nicht mehr herein. Und von sich aus ist die Verstandes- oder Gemütsseele nicht in der Lage, sie aufs neue zu beleben. Die Bewußtseinslage des mittelalterlichen Erkenntnisstrebens der Verstandesseele kennzeichnet die Denk-Art Anselms von Canterbury. In seinem Proslogion schreibt er: «Ich bekenne, Herr, und sage Dank, weil Du in mir dieses Dein Bild erschaffen hast, daß ich Deiner eingedenk Dich wisse und Dich liebe. Aber es ist so zerstört durch die Gewalt der Fehler, so verdunkelt durch den Rauch der Sünden, daß es nicht wirken kann, wozu es geschaffen ist, wenn nicht Du ihm neue Form und Gestalt gibst.»[20]

Anselm hat nicht mehr die Wirklichkeit Gottes in der Seele, sondern nur noch ein blasses Bild. Zwar ist es ihm Grund genug, zu sagen: «Ich glaube, um zu erkennen». Aber das Bild ist so blaß und unwirklich, daß Anselm sich veranlaßt sieht, Gott logisch zu beweisen. Was man als Wirklichkeit in sich erlebt, bedarf keines logischen Beweises. Der Gottesbeweis kennzeichnet treffend die Bewußtseinslage der mittelalterlichen Verstandesseele.

Für die Welt der Gottferne spricht Rudolf Steiner im Brief über «Gnosis und Anthroposophie» von «göttlichen Mysterien», die «von den ersten christlichen Jahrhunderten an bis ins Mittelalter wirkten», also in jener Zeit, da die Mysterien der Menschen den wahren Zusammenhang mit der göttlich-geistigen Welt verloren und die Gnosis der Verstandes- oder Gemütsseele ihn noch nicht wiederherstellen konnte: «In diesen göttlichen Mysterien bewahrten Engelwesen im irdischen Dasein, was Menschen nicht mehr bewahren konnten. So waltete die Mysterien-Gnosis, während man an der Ausrottung der exoterischen Gnosis arbeitete. Der *Welt-Bild-Inhalt*, der in der Mysterien-Gnosis auf geistige Art von geistigen Wesen bewahrt wurde, solange er im Werdegang der Menschheit wirken sollte: er konnte dem bewußten Begreifen der Menschenseele nicht erhalten werden. Aber der Gefühlsgehalt sollte bewahrt werden. Und dieser sollte im rechten kosmischen Augenblick der dazu vorbereiteten Menschheit gegeben werden, damit unter seiner Seelenwärme die Bewußtseinsseele später auf neue Art in das Geistesreich eindringen könne. Geisteswesen haben so die Brücke gebaut zwischen dem alten Welt-Inhalt und dem neuen.»[21,]

Damit ist der kosmische Hintergrund jenes Umschwungs im Erkenntnisstreben der Menschheit angedeutet, der sich im Zeitalter der Verstandesseele vollzog.

Vom «Beginn eines der Menschheit der Gegenwart gemäßen kosmischen Kultus»

Was die Menschen verloren im Zeitalter der Verstandesseele, haben Engelwesen für sie bewahrt: «göttliche Mysterien», die den spirituellen Hintergrund der Gralssage bilden. Rudolf Steiner faßt im Brief «Gnosis und Anthroposophie» die unterschiedlichen Überlieferungen zusammen: «Die heilige Jaspisschale des Grales, der sich Christus bediente, als er das Brot brach, in die Joseph von Arimathia das Blut aus der Jesuswunde aufgefangen hat, die also das Geheimnis von Golgatha barg, wurde – so lautet die Legende – von Engeln in Verwahrung genommen, bis sie sie nach Erbauung der Gralsburg durch Titurel auf die vorbereiteten Menschen niedersenken konnten.»[22] In diesem einen Satz verbindet Rudolf Steiner vor allem die Gralssage, wie sie von Robert de Boron geschildert wird, mit derjenigen, wie sie durch Wolfram von Eschenbach überliefert ist, in Anknüpfung an den «Jüngeren Titurel» des Albrecht von Scharfenberg.

Die Darstellung Roberts macht den Zusammenhang des Grals mit dem Abendmahl und dem Geheimnis von

Tod und Auferstehung Christi deutlich. Der Gral ist der Abendmahlskelch vom Gründonnerstag, den bei der Gefangennahme des Herrn ein Jude fand und Pilatus aushändigte. Pilatus schenkte ihn Joseph von Arimathia, als dieser um den Leichnam Christi bat. Als bei der Kreuzabnahme Blut aus den Wunden floß, fing Joseph von Arimathia es in seinem Gefäß auf und bewahrte es. Er selbst freilich wurde von den Juden unauffindlich in ein tiefes Verlies gesperrt. «Bei Gott jedoch», schreibt Robert, «... war er nicht in Vergessenheit geraten; denn Gott vergalt ihm reichlich, was er für ihn erduldet. Er kam zu ihm in das Verlies und trug sein Gefäß in der Hand, das eine so große Helligkeit über ihn ergoß, daß der Kerker im Lichte strahlte. Und als Joseph die Helligkeit erblickte, da freute er sich in seinem Herzen. Gott brachte ihm sein Gefäß, worin er Sein Blut aufgefangen hatte. Joseph war im Innersten von der Gnade des Heiligen Geistes ganz erfüllt...»[23]

Bei Wolfram ist der Gral ein Stein, genannt «lapsit exillis»,[24] was wohl zu lesen ist als «lapis lapsus ex caelis»: der vom Himmel gefallene Stein. Auf diesem Stein verbrennt der Vogel Phoenix, um aus der Asche neu geboren zu werden: «Dieselbe Kraft wie beim Vogel Phoenix bewährt der Gral bei den Menschen.» Und auch diese Symbolik weist hin auf das Mysterium von Golgatha: «Solche Kraft gibt der Stein den Menschen, daß Fleisch und Bein flugs Jugend empfängt.» Die Auferstehungskraft des Grales wirkt also bis in die Knochen.

Dann aber berichtet Wolfram auch vom Heiden Flegetanîs, der den Namen des Gral in den Sternen las. Ihm schreibt er die Worte zu: «Eine Engelschar ließ ihn auf der Erde zurück, als sie über die Sterne hoch emporflog. Verließen sie als schuldlose Wesen diese schuldige Erde? Wie auch immer, seitdem mußte getauftes Leben ihn mit so großer Ehrfurcht hüten, daß die Menschen, die zum Gralsdienst gefordert werden, immer edel sind.»[25] Und auch Trevrizent, der Einsiedler, spricht von den «edlen und werten Engeln» als den ersten Gralshütern. Danach sind es auserwählte Christen, die zunächst durch einen Engel berufen werden und später durch eine Inschrift auf dem Stein bekanntgegeben werden. Nur Auserwählte gelangen zum Gral. Und er kann auch nur unbewußt gefunden werden.

So enthält die Gralssage in Andeutungen das Geheimnis jener «göttlichen Mysterien», von denen Rudolf Steiner spricht, in denen bewahrt wurde, was von Menschen nicht bewahrt werden konnte: das Geheimnis der Wandlung, das Geheimnis um Tod und Auferstehung Christi. «Geistwesen», schreibt Rudolf Steiner, «bargen die Welt-Bilder, in denen die Geheimnisse von Golgatha lebten. Sie senkten, weil das nicht möglich war, nicht den Bild-Inhalt, wohl aber den Gefühlsgehalt in Menschengemüter, als die Zeit dazu gekommen war.»[26] Und in seinen Vorträgen über die «Mysterien des Morgenlandes und des Christentums» betont er, daß alles, was mit dem Gral zusammenhängt, mit Ausnahme des Parzival-Weges, dem Erkenntnisstreben der Verstandes- oder Gemütsseele entspricht.[27]

40

So hat die Menschheit im Zeitalter der Verstandes-
oder Gemütsseele den Kultus des Abendmahles auf Erden und die Mysterien des Grales als «göttliche Mysterien»: einen Erdenkultus und einen kosmischen Kultus.
In beiden Fällen wird abgesehen vom menschlichen Bewußtsein. Das Gemüt wird gebildet.

Heute lebt die Menschheit im Zeitalter der Bewußtseinsseele. Der Weg des Parzival, der aus der «tumbheit»
über den «zwîfel» zur «saelde» führt, ist ein mittelalter-
licher Vorblick auf den Weg der Bewußtseinsseele zum
Geist, den Rudolf Steiner beschrieben hat. Anthroposophie als Gralswissenschaft ist vor allem ein Weg. Die Inhalte werden zu Stationen eines Weges, der die Seele bewußt zum Geist führt, zum «Geistselbst».

Die aufkommende Bewußtseinsseele ermangelt eines
tieferen Verständnisses für die Abendmahlslehre.[28] Die
Bewußtseinsseele ist aber auch – im Unterschied zur Ver-
standes- oder Gemütsseele – in der Lage, den Weg zu einem «geistigen Abendmahl» zu finden. Mit seiner Empfindungsseele ist der Mensch seiner Leiblichkeit
verhaftet, dem Naturdasein, das aber noch als geisterfüllt
empfunden wird. In seiner Verstandes- oder Gemütsseele lebt er als Seele in sich, bildet er seine eigene Welt und
kann auf die göttliche Welt nur schließen. Mit seiner Bewußtseinsseele kann er sich aufs neue, von innen heraus,
der Welt des Geistes öffnen.

Nicht zufällig spricht Rudolf Steiner gerade in seinem
Karlsruher Vortragszyklus von 1911, in dem er einen Zugang zum Verständnis des Mysteriums von Golgatha er-

öffnet, vom Abendmahl als einem vollgültigen Ersatz für den esoterischen Weg zu Christus, den die Menschheit nicht mehr gehen konnte; davon auch, daß dieser Weg noch für Jahrhunderte seine Gültigkeit behalten wird; und schließlich von der zentralen Aufgabe der Anthroposophie, die Menschenseele vorzubereiten zum Erleben eines neuen, geistigen Abendmahles. Meditations- und Konzentrationsübungen im Verein mit dem geisteswissenschaftlichen «Studium» und den anderen Übungen des anthroposophischen Schulungsweges führen zur «Kommunion im Geiste», die das alte Abendmahl nach und nach ablösen wird: «dadurch werden Gedanken», sagt Steiner, als meditative Gedanken im Menschen leben können, die ebendasselbe sein werden, nur von innen heraus, wie es das Zeichen des Abendmahles – das geweihte Brot – von außen gewesen ist... Aber dann werden sich auch alle Zeremonien ändern, und was früher durch die Attribute von Brot und Wein geschehen ist, das wird in Zukunft durch ein geistiges Abendmahl geschehen.[29] Dieser Hinweis auf ein geistiges Abendmahl ist zugleich in seinem Kontext der Hinweis auf den Weg zum geistigen Durchdringen eben dieses Mysteriums.

Und wie eine kosmische Zeichensprache ist auf diesem Hintergrund zu verstehen, daß Rudolf Steiner in der Sylvesternacht des Jahres 1922 wieder von der «geistigen Kommunion» sprach, als die Flammen bereits in den Außenwänden des Goetheanum züngelten. Die Anthroposophie machte damals eine Art Todes- und Auferstehungsprozeß durch. Sie war sinnlich wahrnehmbar verkörpert, als Kunst, in jenem Tempelbau des ersten Goetheanum. Der sichtbare Tempel brannte nieder. Aber in diesem äußeren Untergang ist der Keim einer geistigen Wiedergeburt bereits veranlagt, die dann nicht mehr im Bereich der Kunst, sondern im Bereich des Sozialen als Neubegründung der Anthroposophischen Gesellschaft zu Weihnachten 1923 erfolgt. Das Äußere geht zugrunde, und im gleichen Augenblick spricht Rudolf Steiner von der geistigen Kommunion als vom «Beginn eines der Menschheit der Gegenwart gemäßen kosmischen Kultus».[30]

Zum neuen kosmischen Kultus kann sich steigern das «Zusammenleben mit dem Weltenlauf», das neue Miterleben der Jahreszeiten, zu dem Rudolf Steiner schon in seinem «Seelenkalender» den Grund gelegt hatte und das er in einer Reihe von Vorträgen vor allem des Jahres 1923 ausbaute.[31] Ausdrücklich erwähnt er aber auch in jenem zeichenhaften Sylvestervortrag sein erstes Buch: die «Grundlinien einer Erkenntnistheorie der Goetheschen Weltanschauung», in dem das *Denken* als die «geistige Form des Kommunizierens der Menschheit» erkannt und dargestellt ist. Von einem Denken ist in jenem Buch die Rede, das Wirklichkeit nicht abbildet, sondern allererst erzeugt. Und so gibt es zwischen den «Grundlinien einer Erkenntnistheorie der Goetheschen Weltanschauung» und dem Karlsruher Vortragszyklus «Von Jesus zu Christus» keine weltanschauliche «Wende».[32] Die Denk-Art, wie sie Steiner in seinen erkenntnistheoretischen Schriften entwickelt, ist vielmehr die Voraussetzung zum Verständnis des Mysteriums von Golgatha. Denn eine Denk-Art, die im Innern nur schattenhafte Bilder erzeugt, ist untauglich zum Verstehen geistiger Zusammenhänge. Die mittelalterliche Erkenntnistheorie der Verstandesseele war in diesem Sinne eine Abbildtheorie. Anselm von Canterbury bringt einen Vergleich, der sie verdeutlicht: Der Maler kann sich sein Bild, das er malen will, vorstellen. Aber das nur vorgestellte Bild ist nicht wirklich. Er muß es erst malen. Dann ist es sowohl dem Denken als auch der Sache nach wirklich. Und er schließt dann von einem nur vorgestellten Gott auf die Wirklichkeit Gottes.[33] Die Erkenntnistheorie der Bewußtseinsseele, wie sie Rudolf Steiner vertritt und in Ansätzen sich zurückverfolgen läßt bis zu Nikolaus von Kues[34], relativiert die Abbildtheorie. Das Denken der Bewußtseinsseele wird sich zunächst seiner eigenen Tätigkeit bewußt als einer geistigen Wirklichkeit und ist als solches dann befähigt zur höheren Erkenntnis, die nicht mehr nur Abbildcharakter hat.

Das gewöhnliche Erkennen verläuft heute noch so, wie es die Erkenntnistheorie der Verstandesseele beschreibt: ein äußerer Gegenstand wird durch die Sinne vermittelt. Die Vorstellung bildet ihn ab. So wird die Außenwelt zur Wirklichkeit und die Innenwelt zur Unwirklichkeit. Die Gedanken werden als «Spiegelgedanken» erlebt.

Wenn aber das Ich absieht vom äußeren Gegenstand und sich auf die Denktätigkeit konzentriert, wenn es Zusammenhänge herstellt, Sinn bildet, ohne daß äußere Gegenstände der Leitfaden sind, dann erkraftet sich das

Denken nach und nach im Bilden «sinnlichkeitsfreier Vorstellungen» so, daß an die Stelle des äußeren Gegenstandes allmählich eine höhere Wirklichkeit treten kann, die sich im Bilde manifestiert: an die Stelle des sinnlichen Gegenstandes tritt die *Imagination*. Das Ich, das sich in der Bewußtseinsseele betätigt, öffnet sich solchermaßen dem «Geistselbst». Es empfängt auf einer ersten Stufe die «geistige Kommunion»: «Denn», sagt Steiner im genannten Sylvestervortrag, «indem der Mensch sich überläßt seinen Spiegelgedanken über die äußere Natur, wiederholt er nur die Vergangenheit, lebt er in Leichnamen des Göttlichen. Indem er seine Gedanken selber belebt, verbindet er sich durch seine eigene Wesenheit, kommunizierend, die Kommunion empfangend, mit dem die Welt durchdringenden, ihre Zukunft sichernden Göttlich-Geistigen. So ist spirituelle Erkenntnis eine wirkliche Kommunion, der Beginn eines der Menschheit der Gegenwart gemäßen kosmischen Kultus.»[35]

Dieser «kosmische Kultus» hat wie jeder andere Kultus drei Stufen, die das gewöhnliche Bewußtsein transzendieren. Steiner nennt sie Imagination, Inspiration, Intuition. Sie bleiben für das gewöhnliche Erkennen unbewußt und entsprechen beim Abendmahl den kultischen Stufen Opferung, Wandlung, Kommunion. Voran geht auf dem exoterischen Weg die Verkündigung des Evangeliums, auf dem esoterischen Weg das Studium der Geisteswissenschaft.[36]

Der Ausdruck «geistige Kommunion» bei Steiner bezieht sich nicht nur auf die höchste Stufe, sondern auf

45

den Weg, der im Zeitalter der Bewußtseinsseele mit der Erhebung des Denkens zur Imagination beginnt und über die Inspiration zur Intuition führt. Weil das Denken auf diesem Weg zwar irdisch erwacht, aber «zum Geistigen im Weltall» führt, bezeichnet Steiner diesen Vollzug als «kosmischen Kultus». Andernorts spricht er vom «umgekehrten Kultus» weil nicht, wie beim religiösen Kultus, die geistigen Mächte herabgebeten werden, um im sinnlichen Geschehen anwesend zu sein, sondern der Mensch selbst sich «zum Geistigen im Weltall» erhebt.[37]

Diese «Umkehrung» der Erkenntnishaltung war in der mittelalterlichen Denk-Art der Verstandesseele noch nicht möglich. Trevrizent, der Einsiedler, kann zu Parzival, im Zusammenhang der Gralsbelehrung, über das Denken nur äußern: «Das Denken der Menschen ist undurchdringlich selbst dem Sonnenlichte. Das Denken ist ohne Schloß verschlossen, es ist davor bewahrt, daß irgendeine Kreatur in die Gedanken hineinblicken kann. Im Denken ist jeder allein mit sich. Der Gedanke ist lichtlose Finsternis, man kann ihn nicht sehen. Nur die Gottheit kann so hell und rein sein, daß sie durch die Wand der Finsternis, hinter der die Gedanken hausen, hindurchglänzt, sie hat den heimlichen Ansprung geritten, der nicht schallt noch klingt.»[38] Diesen schattenhaften Gedanken des Menschen steht im Mittelalter das Gralsgeschehen als kosmischer Kultus gegenüber.

Das Gralsgeschehen ist kosmischer Kultus, der zunächst nur von Engeln vollzogen wird und auch danach nur von wenigen auserwählten Menschen. So sind auch die Templeisen, die menschlichen Hüter des Grales, nicht Lebende, sondern Verstorbene. «Lebendige Tote», sagt Steiner..., wenn sie besondere Auserwählte waren, werden zu Hütern des Grales bestellt[39]: kosmischer Kultus, der im Mittelalter, in den Mysterien des Grales, den Erdenkultus des Abendmahles begleitet; kosmischer Kultus, der heute, im Zeichen der Bewußtseinsseele, vom wachbewußten Menschen selbst, im tätigen Erdenleben, vollzogen werden kann.

Noch freilich dominiert jenes schattenhafte Denken der Verstandes- oder Gemütsseele. Es ist aber der Steigerung, der Verlebendigung durch Konzentration und anthroposophische Meditation fähig. Es wird auf diese Weise seines wirklichkeitsfernen, subjektiven Charakters entkleidet und wieder in Übereinstimmung gebracht mit der geistigen Wirklichkeit. Es hat dann wieder kosmischen Charakter, ohne seine Erdenqualität zu verlieren, es führt zur Erfahrung: Ich bin im Denken irdisch und kosmisch zugleich.

Im meditativ erkrafteten Denken der Bewußtseinsseele wird, «was sonst nur abstrakte Erkenntnis wäre», zu einem, wie Rudolf Steiner sagt, «fühlenden und wollenden Verhältnis zur Welt. Die Welt wird zum Tempel, die Welt wird zum Gotteshaus. Der erkennende Mensch, sich aufraffend im Fühlen und Wollen, er wird zum opfernden Wesen. Das Grundverhältnis des Menschen zur Welt steigt auf vom Erkennen zum Weltenkultus, zum kosmischen Kultus. Daß all dasjenige, was unser Verhältnis zur Welt ist, zunächst sich als kosmischer Kultus erkennt im Menschen, das ist der erste Anfang dessen, was geschehen muß, wenn Anthroposophie ihre Mission in der Welt vollziehen soll.»[40] Der kosmische Kultus der Anthroposophie ist also kein göttliches Mysterium im Überirdischen, wie das Gralsgeschehen im Mittelalter: Er ereignet sich im Menschen, im meditativen Erkenntnisleben, in dem das Denken zum «fühlenden und wollenden Verhältnis zur Welt» wird. Die «Welt wird zum Tempel», in dem Makrokosmos und Mikrokosmos geeint werden.

GESCHICHTE
DER ERINNERUNG –
ERINNERUNG DER
GESCHICHTE

Im Urbeginne ist die Erinnerung,
Und die Erinnerung lebt weiter,
Und göttlich ist die Erinnerung,
Und die Erinnerung ist Leben,
Und dieses Leben ist das Ich des Menschen,
Das im Menschen selber strömt.
Nicht er allein, der Christus in ihm.
Wenn er sich an das göttliche Leben erinnert,
Ist in seiner Erinnerung der Christus,
Und als strahlendes Erinnerungsleben
Wird der Christus leuchten
In jede unmittelbar gegenwärtige Finsternis.

Rudolf Steiner

Gedächtnis und Erinnerung

Das Gedächtnis ist allgemein und umfassend. Es macht Vergangenes gegenwärtig, ohne dabei etwas Bestimmtes hervorzuheben.

Die Erinnerung ruft etwas Bestimmtes «ins Gedächtnis» und setzt Tätigkeit des Ich voraus. Das Ich gibt dem Gedächtnis in der Erinnerung die spezielle Intention. Erinnerung ist intentionales Gedächtnis.

Darum haben die höheren Tiere zwar Gedächtnis, aber nicht Erinnerung. Sie haben kein im Innern tätiges Ich. Ein Pferd im Stall kann keine Vorstellungen entwickeln über die Schönheit und Schmackhaftigkeit der Wiese. Es wird sich der Futterkrippe zuwenden und entsprechende Empfindungen haben. Seine innere Bilderwelt antwortet auf den je gegenwärtigen Sinnesreiz. Es hat also keine Erinnerung, wohl aber Gedächtnis: Wenn es an eine Stelle kommt, an der es sich einmal das Bein gebrochen hat, wird es vielleicht zurückschrecken. Der Beinbruch war mit einem Sinneseindruck verbunden: wenn der Sinneseindruck wiederkehrt, dann auch das Unangenehme, das einst damit verbunden war.

Der Mensch hat demgegenüber Gedächtnis und Erinnerung. Er kann auch ohne äußere Veranlassung etwas Vergangenes ins Bewußtsein rufen.

Der Blick in die Geschichte zeigt: in alten Zeiten hatte der Mensch mehr Gedächtnis und weniger Erinnerung; in neuerer Zeit hat der Mensch mehr Erinnerung und weniger Gedächtnis.

Geschichte der Erinnerung

Am 24. Dezember 1923 sprach Rudolf Steiner in Dornach über die Geschichte der Erinnerung. Es handelt sich um den ersten Vortrag in jenem Zyklus, der im Rahmen der Weihnachtstagung zur Begründung der Allgemeinen Anthroposophischen Gesellschaft gehalten wurde, unter dem Titel: «Die Weltgeschichte in anthroposophischer Beleuchtung und als Grundlage der Erkenntnis des Menschengeistes».[41]

Der Wandel der Erinnerung kennzeichnet den Wandel in der Konfiguration der menschlichen Seele. Einsicht in die Geschichte der Erinnerung ist die Voraussetzung zur Erinnerung der Geschichte, wie sie Rudolf Steiner in jenem Vortragszyklus eröffnet. Steiner erhellt den «Seelenwandel in der Menschheit» und seine Bedeutung für den Wandel der Seelen durch wiederholte Erdenleben. Dabei

52

unterscheidet er drei große Epochen im Wandel des Erinnerungserlebens: die «lokalisierte Erinnerung» in den Zeiten vor der atlantischen Katastrophe (Sintflut), die «rhythmisierte Erinnerung» bis zum Aufgang des Griechentums und die «zeitliche Erinnerung», die uns noch heute eignet. Der Mensch vermag heute ein vergangenes Erleben, willentlich, durch Aktivität des Ich, wieder ins Bewußtsein zu rufen. Das war in alten Zeiten nicht möglich.

Der Mensch vor der atlantischen Flutkatastrophe erlebte Denken, Fühlen und Wollen nicht so innerlich wie der heutige Mensch, sondern leibgebunden; und das Leibessein erfühlte man im Zusammenhang mit Natur und Kosmos. Der Mensch erlebte nicht Gedanken, sondern seinen Kopf und diesen als Abbild der Erde. Er hatte keine isolierten Gefühle, sondern im Fühlen spürte er seine Herztätigkeit und diese in ihrer Beziehung zur Sonne. Und er entfaltete auch keine abstrakten Willensimpulse, sondern, wie Rudolf Steiner formuliert «das Sichdehnen und -strecken in die Glieder, das Wahrnehmen der eigenen Menschlichkeit im Bewegen der Beine und Füße, im Bewegen der Arme und Hände», wurde im unmittelbaren Zusammenhang mit den Sternenwelten erlebt. Gott, Natur und Mensch bildeten solchermaßen eine Einheit, die erst im Laufe der Jahrtausende allmählich zerfiel.

Solange sein Bewußtsein mit der Spiegelung von Leibesvorgängen erfüllt war, konnte der Mensch keine Erinnerung ausbilden. Erinnern heißt: im Innern hervorbringen. Das unmittelbare Erleben des Äußeren, der Leiblichkeit, der Natur, läßt inneres Erbilden nicht aufkommen. Darum setzte der Mensch dieser alten Zeit äußere Merkzeichen: Denkmale. Der Mensch erlebte etwas, setzte ein Denkmal, und wenn er später wieder an die Stelle kam, erinnerte ihn das Denkmal an die vergangene Situation. Er erinnerte sich nicht selbst, in innerer Aktivität, sondern die Wahrnehmung des äußeren Merkzeichens veranlaßte das Wiederauftauchen des Vergangenen im Bewußtsein. Der Mensch hatte also Gedächtnis, sogar ein sehr weit reichendes Gedächtnis, aber nicht Erinnerung im engeren Sinn. Rudolf Steiner spricht von «lokalisierter Erinnerung». Diese Art von Erinnerung auf Grund von Denkmalen gibt es auch heute noch. Man setzt Gedenksteine. Manche machen auch Knoten ins Taschentuch. «Lokalisierte Erinnerung» ist noch mehr Gedächtnis als Erinnerung. Mit ihr beginnt die Erinnerung.

Das zweite Stadium ist dasjenige der «rhythmisierten Erinnerung». Der Mensch erlebte immer weniger seine äußere Leiblichkeit und immer mehr innerlich: rhythmische Vorgänge. «Rhythmische Vorgänge», schreibt Rudolf Steiner in seinen späten «Leitsätzen», «sind weder in der Natur noch im Menschen etwas Physisches. Man könnte sie halbgeistig nennen. Das Physische als Ding verschwindet im rhythmischen Vorgang.»[42]

Rhythmen bestimmten die Erinnerung vorzugsweise in den ersten nachatlantischen Zeiten. Man erinnerte nur, was man in rhythmischer Wiederholung erlebte. Der

Mensch, sagt Rudolf Steiner, «hatte das Bedürfnis entwickelt, wenn er irgendetwas gehört hatte, das so in sich zu reproduzieren, daß ein Rhythmus herauskam. Wenn er die Kuh erlebte – Muh –, dann nannte er sie nicht Muh allein, sondern Muh-Muh, oder meinetwillen sogar in älteren Zeiten Muh-Muh-Muh. Das heißt, er türmte das Wahrgenommene so übereinander, daß ein Rhythmus herauskam.» Dies Bedürfnis nach Wiederholungen haben vor allem Kinder noch heute, wie es ja auch die Erinnerung auf Grund von äußeren Merkzeichen noch gibt. In der Waldorfpädagogik spielt die rhythmische Wiederholung eine entsprechend große Rolle.

Rudolf Steiner weist in diesem Zusammenhang auch darauf hin, daß in der «rhythmisierten Erinnerung» der Ursprung der Verskunst liegt. Dazu hat der Zürcher Literaturhistoriker Emil Staiger bedeutsame Beobachtungen gemacht. In seinen «Grundbegriffen der Poetik» bezeichnet er den lyrischen Stil als «Erinnerung», wohingegen der epische Stil durch «Vorstellung» und der dramatische Stil durch «Spannung» gekennzeichnet sind: «So dürfen wir sagen», schreibt er, «daß der Erzähler Vergangenes vergegenwärtigt. Der lyrische Dichter vergegenwärtigt das Vergangene so wenig wie das, was jetzt geschieht. Beides vielmehr ist ihm gleich nah und näher als alle Gegenwart. Er geht darin auf, das heißt er «erinnert». «Erinnerung» soll der Name sein für das Fehlen des Abstands zwischen Subjekt und Objekt, für das lyrische Ineinander. Gegenwärtiges, Vergangenes, ja sogar Künftiges kann in lyrischer Dichtung erinnert werden.»[43]

Die rhythmische Wiederholung ist in lyrischer Dichtung wesensbestimmend. Im Lyrischen, führt Staiger aus, deutet sich die «Möglichkeit einer Verständigung ohne Begriffe» an: «Ein Rest des paradiesischen Daseins scheint im Lyrischen bewahrt.» Das Lyrische evoziert die alte «paradiesische Einheit» von Mensch und Welt. Das Ich behauptet sich nicht wie in der epischen «Vorstellung» oder in der dramatischen Auseinandersetzung, es verfließt. Und «was lyrische Dichtung vor dem Zerfließen bewahrt, ist einzig die *Wiederholung*».[44]

Erinnerung durch Wiederholung ist in der Verskunst vor allem die Leistung des Endreims. Steiner verwendet ihn äußerst selten. In den «Zwölf Stimmungen»[45] nimmt immer der Saturn-Vers den Reim des Jupiter-Verses auf: Saturn ist der Planet der Erinnerung. In den Wochensprüchen des «Seelenkalenders» tritt der Endreim auf, wo die Kraft der Erinnerung den Sommer mit dem Winter verbinden soll. Und die reimende Stimme des Gewissens in den Mysteriendramen erinnert das höhere Ich der dramatis personae.

Lyrische Dichtung erinnert an die Zeit ihres Ursprungs, an die zweite Epoche der Erinnerung, an die rhythmisierte Erinnerung.

Was wir heute Erinnerung nennen, ist «zeitliche Erinnerung» seit dem Aufgang des Griechentums. Mit ihr entsteht die Geschichtsschreibung und die Philosophie, das «Gedanken-Denken» und verloren ging das Gedächtnis.

Erinnern und Vergessen

Erinnern setzt Vergessen voraus. Adam im Paradies konnte sich an nichts erinnern, weil ihm alles gegenwärtig war: Er lebte in der Dauer und hatte dauernd alles im Gedächtnis. Er konnte nichts vergessen, bis die Schlange bewirkte, daß er doch vergaß.

Mit den Engeln ist es ähnlich. Auch sie können sich an nichts erinnern, weil sie alles überschauen und nichts vergessen. Und was man weiß, braucht man nicht zu lernen.[46] Auch Lernen setzt Vergessen voraus. Adam vergaß seinen göttlichen Ursprung, darum kann er nun lernen, ihn wiederzuerlangen. Er kann ihn erinnern. Die Erinnerung führt ihn ins Ziel.

Franz Kafka beschreibt den Zusammenhang von Lernen und Vergessen folgendermaßen: «Ich kann schwimmen wie die andern, nur habe ich ein besseres Gedächtnis als die andern, ich habe das einstige Nichtschwimmenkönnen nicht vergessen. Da ich es aber nicht vergessen habe, hilft mir das Schwimmenkönnen nichts, und ich kann doch nicht schwimmen.» Das Nichtschwimmenkönnen ist ihm gegenwärtig. Darum lernt er nicht schwimmen. «Ich kann schwimmen wie die andern», das bedeutet: Er hat alle körperlichen und geistigen Voraussetzungen zum Schwimmen. Er weiß genau, was zu tun wäre, welche Glieder wie bewegt werden müssen, aber er kann es nicht. Das bloße Wissen ist noch keine Fähigkeit. Die Erlangung einer neuen Fähigkeit ist unabdingbar ans Vergessen gebunden. Schwimmenkönnen setzt voraus: Nichtschwimmenkönnen zu vergessen.

So ist auch die Fähigkeit der Erinnerung an das Vergessen gebunden. Nur ist das, was errungen wird, im Wesen nichts anderes als das, was vergessen wird: Gedächtnis wird zu Erinnerung. Aber das Gedächtnis war umfassend, und die Erinnerung ist zunächst beschränkt: als «zeitliche Erinnerung» auf die Zeit zwischen Geburt und Tod.

Erinnerung und Geschichtsschreibung

Was vergessen werden kann, muß aufgeschrieben werden. Als Wort- und Silbensystem gibt es die Schrift schon zur Zeit der «rhythmisierten Erinnerung». Das Alphabet entwickeln die Griechen aus dem Phönikischen. So wird der Zusammenhang der «zeitlichen Erinnerung» mit der Geschichtsschreibung deutlich. Vor der Geschichtsschreibung gab es das Epos: Homer, Hesiod. Karl Martin Dietz hat gezeigt, daß das Wissen des epischen Sängers weder selbst erlebt noch ausgedacht war, sondern von den Musen vermittelte Erinnerung darstellt.[47] Homer entfaltet noch keine persönliche Gedächtnisleistung. So lautet bespielsweise ein Musenanruf im zweiten Buch der «Ilias»:

Sagt mir anitzt, ihr Musen, olympische Höhen bewohnend
(Denn ihr seid Göttinnen und wart bei allem und wißt es;
Unser Wissen ist nichts; wir horchen allein dem Gerüchte):
Welche waren die Fürsten der Danaer und die Gebieter?[48]

Um 500 v. Chr. entsteht dann die Geschichtsschreibung, die, anders als das Epos, von vornherein an die Schrift gebunden ist: Hekateios von Milet, dann Herodot von Halikarnaß und Thukydides von Athen. Die Geschichtsschreiber wenden sich nicht mehr an die Musen, sondern an ihren eigenen Verstand. Beobachtung und Denken ersetzen die Inspiration der Muse. Aber der Blick in die Vergangenheit wird dabei verkürzt: «War früher», schreibt Dietz, «die Muse «dabei gewesen», so gilt jetzt nur noch menschlich-persönliche Augenzeugenschaft.»

Die «zeitliche Erinnerung» erstreckt sich auf die Zeit eines Erdenlebens. Darum bedarf das zeitlich Erinnerte der Niederschrift als Zeugnis für nachkommende Generationen. Wir wissen von der Vergangenheit heute nur so viel, als uns die Geschichtsschreiber überliefert haben. So ist mit der Geschichtsschreibung die Dokumentenforschung verbunden. Und damit ist der Grund gelegt zur «Geschichte» als einer «fable convenue».

59

Erinnerung und «Gedanken-Denken»

«Zeitliche Erinnerung» und Geschichtsschreibung sind eng verbunden mit der Entstehung des abstrakten, logischen «Gedanken-Denkens». «Zeitliche Erinnerung» erlebt die Seele als schattenhaft. Und die gewöhnlichen Inhalte des Denkens sind großenteils solche Erinnerungsvorstellungen. Sie sind schattenhaft, das heißt: Der Mensch erlebt sie als irreal, sie haben kein Sein. Sie erfüllen auch unsere Träume. Darum hat Descartes mit Recht ihren Erkenntniswert bezweifelt.[49] Capesius, in Rudolf Steiners zweitem Mysteriendrama, «Die Prüfung der Seele», kommt zur entsprechenden Selbsterkenntnis:

> In einem langen Menschenleben
> Hab' ich gewoben nur in Bildern,
> Die schattenhaft sich zeichnen
> Im Seelentraum, der wahnbefangen
> Natur und Geistestaten spiegelt
> Und der aus seinem Traumgewebe
> Gespenstig Weltenrätsel lösen will.[50]

Die «zeitliche Erinnerung» brachte den Verlust der

Zeit als Wesen. Zeit wird im räumlichen Nacheinander erlebt, als bloße Ortsveränderung. Als der Mensch der Vorzeit Steine für die Erinnerung setzte, erlebte er die Zeit als gegenwärtige Dauer. Die Zeit verging im Grunde nicht. Der Mensch lebte *in* der Zeit, darum wurde sie ihm als solche gar nicht bewußt. Aber das Wesen der Zeit gab ihm Gedächtnis. Vergangene Erlebnisse waren unmittelbar gegenwärtig, wenn ein entsprechender Gegenstand das Gedächtnis anregte. Dann erlebte der Mensch die Zeit als rhythmische Wiederkehr und schließlich nur noch als bloße Projektion ins räumliche Nacheinander.

Nur weil er die Zeit als Wesen verloren hat und damit auch ihr Gedächtnis, kann der Mensch heute bewußt erinnern, als «zeitliche Erinnerung». Das Gedächtnis der Vorzeit war seinserfüllt. Die Innenwelt war nicht weniger real wie die Außenwelt. Darum konnte das Ich sich noch nicht selbst erfassen. In der «zeitlichen Erinnerung» wird die Außenwelt so nach innen genommen, daß sie dabei ihre Wirklichkeit verliert. Der Erinnerungsvorstellung mangelt das Sein. Dafür kommt das Ich solchermaßen in die Lage, erstmals sich selbst zu denken und in der Verwirklichung seiner selbst dann auch das Denken von innen her zu erkraften.

Denk-Erleben

Erkraftetes Denken ist erlebtes Denken. Zumeist erlebt der Mensch der Neuzeit sein Denken nicht. Es ist, wie Rudolf Steiner gezeigt hat, das «unbeobachtete Element unseres gewöhnlichen Geisterlebens», weil wir immer «etwas» denken und das Bewußtwerden dieses Denkinhaltes vom Erlebnis der Denktätigkeit ablenkt.

Darum ist die erste Stufe übersinnlichen Erlebens das Denk-Erleben. Es wird durch das Studium der Geisteswissenschaft gefördert und durch Meditation erreicht. Im «Einführungskurs» vom Januar 1924 erläutert Steiner, daß die Meditation darin besteht, «das Denken in anderer Weise zu erleben, als man es gewöhnlich erlebt».[51] Gewöhnlich erlebt man das Denken als von außen angeregt: durch Sinneswahrnehmung, in der Hingabe an die Außenwelt. Man wird gewahr, wie sich «im Erleben das Aufnehmen von äußeren Eindrücken fortsetzt in Gedanken». Das Ich verhält sich passiv, wie im Kino. Das heißt aber: im Grunde wird nicht das Denken, sondern die Außenwelt erlebt. Beim Meditieren handelt es sich darum, wenigstens anfänglich das Denken zu erleben, «indem man einen einfach überschaubaren Gedanken nimmt, diesen leicht überschaubaren Gedanken im Bewußtsein gegenwärtig sein läßt, das ganze Bewußtsein auf diesen überschaubaren Gedanken konzentriert». Meditation im Sinne Rudolf Steiners bedeutet also zunächst Konzentration der Denktätigkeit, die im Erleben an die Stelle der Außenwelt tritt.

Das Denken kommt nicht von außen. Der Meditierende erlebt: *Ich* denke, Denk-Erleben heißt Ich-Erleben. Das Ich wird sich selbst zum Objekt. Descartes kam aufgrund dieses Erlebens zu seiner Formel «Ich denke, also bin ich». Er erlebte sich dabei als unsterblich, unabhängig vom Leibe. Schelling sprach von diesem Denk-Erleben als von «intellektueller» oder «intellektualer Anschauung»[52]: Das Ich erfaßt sich selbst im Denken, es ist sein eigener Gegenstand und kann «angeschaut» werden, obgleich das Angeschaute mit dem Schauenden identisch ist. Und Rudolf Steiner formuliert im Eröffnungsvortrag zu seinen «Mysteriengestaltungen»: «Erfaßt man das Denken in sich, so erfaßt man das Göttliche in sich.»[53] Das Göttliche im Ich ist das Ewige im Ich, der unvergängliche Wesenskern im Menschen, der in der Inkarnation zu sich selbst in Widerspruch tritt. Erkraftung des Denkens bedeutet «Aufhebung» dieses Widerspruchs, also Erkraftung des Ichs. Das Ich verwirklicht im Denken sein wahres Wesen, sich selbst.

Erinnerungs-Erleben

Die Erinnerung kann auch verstärkt werden, führt aber zu einem anderen Erlebnis. Zunächst ist das Erinnerungserleben so blaß und unwirklich wie das gewöhnliche Denken und Vorstellen. Die Übung zu seiner Erkraftung ist aber jener zur Erkraftung des Denkens entgegengesetzt.

Damit das Denken als geistige Tätigkeit ins Bewußtsein tritt, müssen die Inhalte reduziert werden, die gewöhnlich das Bewußtsein erfüllen. Descartes kam über den Zweifel dazu. Rudolf Steiner empfiehlt die Konzentration auf *einen* Gedanken, der möglichst unanschaulich, also sinnlichkeitsfrei sein soll. Als Beispiel gibt er öfter den Satz: «Die Weisheit lebt im Licht.» Darunter kann man sich nichts vorstellen. Darum wird sein «Inhalt» schnell langweilig, und das Denken – wenn es die Langeweile aushält – wird als Kraft spürbar. Weil aber die Kraft vom Ich erzeugt wird, ist es das Ich selber, das nunmehr an Stelle der Gegenstände das Bewußtsein erfüllt.

Zur Verlebendigung der Erinnerung empfiehlt Rudolf Steiner übungsweise Szenen aus der eigenen Jugendzeit oder Kindheit, die intensiv erlebt wurden, wieder ins Bewußtsein zu rufen. Während man beim Denk-Erleben von den äußeren Gegenständen absieht, nimmt man sie beim Erinnerungserleben als kräftige Anregung: alte Schulbücher, ein Kleid nennt Rudolf Steiner als Beispiele.[54] Solche Gegenstände wären für eine Denkübung ganz ungeeignet, aber die Erinnerung wird durch sie beflügelt. Bild auf Bild steigt aus den Tiefen der Seele empor. Wie von selbst stellen sich die Bilder der Vergangenheit ein, wenn man sich recht vertieft in den Gegenstand und eine mit ihm verbundene Szene, von der die Seele damals beeindruckt wurde. Nicht das Ich schafft die Bilder, wie beim gesteigerten Denken, sondern der Gegenstand regt sie an und die Bilder selbst regen wieder neue Bilder an. Dabei gerät das Ich in Gefahr: Das Ich würde in der Bilderflut ertrinken, wenn es nicht auch Denkübungen machen würde.

In der Denkübung findet man sich selbst, in der Erinnerungsübung kommt man von sich los. Das gegenwärtige Sein des Ich vergeht zugunsten der Erinnerung des Vergangenen. Rudolf Steiner formuliert: «Deshalb muß eine Freiheitsphilosophie ausgehen von dem Denk-Erlebnis, denn durch das Denk-Erlebnis kommt der Mensch an sich selber heran, findet sich als freie Persönlichkeit. So ist es nicht mit dem Erinnerungserlebnis. Mit dem Erinnerungserlebnis ist es so, daß man zuletzt, wenn man es ganz ernst zu nehmen vermag, wenn man sich ganz hineinzuversetzen vermag, dazu kommt, das Gefühl zu haben: sich eigentlich loszuwerden, wegzukommen von sich.»[55]

Beides bedarf der Übung: sich finden und sich verlieren. Der geübte Selbstverlust in der Erinnerung ist keine bloße Selbstaufgabe, kein Sich-gehen-lassen oder gar ein Rückfall in Bewußtseinsstufen der Frühzeit. Aber das Schulheft oder das alte Kleid haben hier eine vergleichbare Funktion wie die Steinsetzungen zu Zeiten der «lokalisierten Erinnerung»: Man sieht den Gegenstand, und die alte Zeit ersteht aufs neue, erfüllt das Bewußtsein bis in Einzelheiten. Diese Erfüllung bedingt die Leerung, die Hingabe. Das Ich schwindet hin, fernt sich: «Man muß sich ferner stehen können», sagt Steiner.

Marcel Proust, in seinem Roman-Zyklus «A la recherche du temps perdu», hat den Vorgang der sinnlich angeregten Erinnerungsflut genau beschrieben. Auslösend ist bei ihm der Geschmackssinn. Der Geschmack einer Petite Madeleine zu einer Tasse Tee, eingetunkt, evoziert die Bilder der Vergangenheit, verbunden mit dem Gefühl einer «mächtigen Freude».

Zunächst handelt es sich um Vorfreude. Die Bilder kommen nicht gleich und auch nicht ungerufen. Proust beschreibt sein Erinnerungserlebnis vielmehr als Ergebnis einer mehrfach wiederholten Versenkung in das Geschmackserlebnis, mit Kriterien der Meditation. Alles vermeidet er, was die «Geschmacksmeditation» stören könnte, jeden fremden Gedanken, und er verstopft sich die Ohren gegen Geräusche aus dem Nebenzimmer. Das intensivierte Geschmackserlebnis löst dann nach einiger Zeit die Erinnerung an das gleiche, viele Jahre zurückliegende Erlebnis mit einer Fülle sich daran anschließender Bilder aus.

Wie das Denk-Erlebnis für Descartes mit einem Erlebnis der Unsterblichkeit verbunden ist, so hier für Proust das Erinnerungs-Erlebnis. Schon im Vorgefühl der Erinnerung heißt es: «J'avais cessé de me sentir médiocre, contingent, mortel. – Ich hatte aufgehört, mich als mittelmäßig, zufällig, sterblich zu fühlen.»[56] Marcel Proust setzt dieses intensive Erinnerungserlebnis ausdrücklich ab vom gewöhnlichen Verstandes-Gedächtnis (mémoire de l'intelligence), das nur tote Bilder erzeugt, die der Mühe nicht wert sind. Was Proust «mémoire de l'intelligence» nennt, meint Steiner mit dem Ausdruck «zeitliche Erinnerung». Mit dem Aufkommen der «zeitlichen Erinnerung» schwindet die Zeit als Wesen. Marcel Proust macht sich daran, die «verlorene Zeit» wiederzufinden im meditativen Erinnerungserlebnis.

Menschenkundlich gesehen, erlebt Descartes im Denken sein Ich, Proust in der Erinnerung seinen Astralleib. «Diesem astralischen Leib», sagt Steiner, «der außerhalb des physischen Leibes im Schlafe ist, dem kommen Sie nahe, wenn Sie so real, wie ich es geschildert habe, vergangene Erlebnisse in die Gegenwart heraufrufen.»[57] Und wie die fortgesetzte Übung im Denk-Erleben zur *Imagination* führt, so die fortgesetzte Übung im Erinnerungs-Erleben zur *Inspiration*. In der Imagination breitet sich das Ich bildschaffend über die Dinge hin, in der Inspiration sprechen sie sich selber aus. Darum ist der Weg des Denkens ein Weg zur Erfahrung des eigenen

Wesens, der Weg der Erinnerung ist ein Weg ins Innere der Natur.

Weil das Ich von sich absieht, kann es sich als verwandt fühlen mit der Natur und ihr Geheimnis erahnen und erlauschen.

So wird man jede Blume anders anschauen als vorher: «Die Blüte wird durchsichtig. Innerlich regt sich ein Geistiges der Pflanze, und das Blühen wird etwas wie ein Sprechen.»[58]

Im Denk-Erlebnis erfährt der Mensch sein Sein: «Ich denke, also bin ich.» Auf dem Erinnerungsweg erlebt das Ich genau umgekehrt: «Es denkt in mir». Die Natur spricht ihr Wesen ins Ich.

Erinnerung der Geschichte

Und wie die Natur, so wird durch Imagination und Inspiration allmählich auch die Geschichte durchsichtig als Geistgeschichte.

Geschichtserkenntnis setzt Denk-Erleben voraus. Die Geschichte ist meine eigene Geschichte. Ein Ich, das sich nicht zuerst selbst erfaßt hat, kann sich auch nicht in der Geschichte denken. Die Geschichte wird vom denkenden Ich in Imaginationen entworfen. Aber der Zusam-

menhang entsteht immer erst in der Inspirationser-
kenntnis.

Ein eindrückliches Beispiel aus dem Lebenswerk Rudolf Steiners ist gerade jener Vortragszyklus, den er zur
Weihnachtstagung 1923 gehalten hat. Er setzt nicht zufällig mit einer Darstellung der Geschichte der Erinnerung
ein und enthält Geschichtsforschung, die nicht mehr auf
Dokumente angewiesen ist, weil die Erinnerungskraft
Rudolf Steiners so weit erstarkt ist, daß sie Geburt und
Tod übersteigt. Das gilt nicht weniger für die «Geheimwissenschaft im Umriß» von 1910, die recht eigentlich
ein Buch der Erinnerung ist. In seinem Gesamtwerk hat
Rudolf Steiner ein Zeichen gesetzt für künftige Formen
der Erinnerung.

Die «zeitliche Erinnerung» seit dem Aufgang des
Griechentums ist beschränkt auf die Zeit zwischen Geburt und Tod. Sie ist heute noch maßgebend und – soweit
sie das Selbsterlebte übersteigt als Geschichtswissen –
angewiesen auf Dokumente. Früher, noch zur Zeit der
«rhythmisierten Erinnerung» wurde Geschichtswissen
durch Geistwesen geoffenbart. Nicht der Mensch erinnerte, sondern die Muse hatte alles im Gedächtnis. Die
Erinnerung war kosmisch begründet. Dann erinnerte der
Mensch, aber Geschichte nur insofern er sie selbst erlebte, begrenzt durch Geburt und Tod. Das heißt aber: Geschichte wurde im Grunde ebensowenig erinnert wie
vordem. Sie blieb dem Menschen äußerlich. War sie früher an die Muse gebunden, so nun an äußere Dokumente. Geschichte wurde erst innerlich und dann äußerlich

überliefert, aber vom menschlichen Ich nicht eigentlich erinnert.

Die Erinnerung der Geschichte beginnt mit Rudolf Steiner. Er erinnert selber, ohne Muse und ohne Dokumente und ohne irdische Beschränkung. Die Erinnerung ist wieder ins Kosmische erweitert. Sie ist bei ihm sowohl irdisch als auch kosmisch begründet. Es handelt sich um zeitliche Erinnerung einer menschlichen Individualität im irdischen Bereich, aber so, daß sie wieder in die wahre Dimension der Zeit eintritt.

So mag die mantrische Formulierung Rudolf Steiners verständlich werden:

Im Urbeginne war die Kraft der Erinnerung.
Die Kraft der Erinnerung soll werden göttlich,
Und ein Göttliches soll werden
die Kraft der Erinnerung.
Alles, was im Ich entsteht,
Soll werden so,
Daß es ein Entstandenes ist
Aus der durchchristlichten,
durchgöttlichten Erinnerung.
In ihr soll sein das Leben,
Und in ihr soll sein das strahlende Licht,
Das aus dem sich erinnernden Denken
In die Finsternis der Gegenwart hereinstrahlt.
Und die Finsternis so, wie sie gegenwärtig ist,
Möge begreifen das Licht
der göttlich gewordenen Erinnerung.[59]

Zwei Wege

Blickt man auf das Lebenswerk Rudolf Steiners, dann zeigen sich mindestens zwei Wege. Der eine verstärkt das Denken und führt zum Erleben des wahren Ich und zur *Imagination.* Der andere erweitert die Erinnerung und führt zum Welterleben und zur *Inspiration.* Beide Wege sind bei Rudolf Steiner nur *ein* Weg, der – in Polarität und Steigerung – zur *Intuition* führt.

Der Weg, der unmittelbar zur Inspiration führt, ist der ältere. Er war maßgebend, als die Menschheit noch nicht über die Fähigkeit des logischen Denkens verfügte. Er ist auch heute nicht überholt; aber er ist gefährlich, wenn er einseitig beschritten wird, weil er das Ich negiert, das im Abendland zur Bewußtseinsseele erwacht ist.

Rudolf Steiner betont, daß heute zunächst der Denkweg maßgebend ist, weil er die Freiheit des Ich garantiert. Es ist von größter Bedeutung für die Menschheitsgeschichte, daß auf esoterischen Wegen zunächst erlebt werden kann: «Ich denke, also bin ich» – als gesicherter Ausgangspunkt eines Weges, der das Bewußtsein nicht abdämpft, sondern steigert. Dann kann auch gefahrlos der andere Weg beschritten und das Gegenteil erlebt werden: «Es denkt in mir.» Ich denke den Geist – der Geist denkt mich. Denkend setze ich ihn aus mir heraus – erinnernd nehme ich ihn in mich auf.

Der Abgrund, der das Geistige im Menschenwesen vom Geistigen im Weltall trennt, kann in einem doppelten Brückenschlag überwunden werden: vom Ich zur Welt im Denk-Erleben, von der Welt zum Ich im Erinnerungs-Erleben. In diesem doppelten Brückenschlag eröffnete Rudolf Steiner den Weg zur Karma-Forschung.

ZUR METHODE DER KARMA-FORSCHUNG

*Es gibt ein geistiges Erleben, das
nicht im Denken die Welt verliert.
Man kann auch im Denken noch
leben...
Es gibt ein Erleben des Schicksals,
in dem man nicht das Selbst verliert. Man kann auch im Schicksal
noch sich selbst als wirksam erleben.*

Rudolf Steiner

Vom Hellseher zum Geistesforscher

Das Denken der Wiederverkörperung führt zur Identifikation des Ich mit seinem Schicksal. Gewöhnlich erlebt der Mensch aber sein Schicksal, wie wenn es von außen käme, ungewollt und unverhofft: Es überkommt den Menschen, zumeist als leidbringender Schicksalsschlag.

Man spricht auch vom gütigen Geschick. Aber bei Erfolgen ist man eher geneigt, sie eigenen Leistungen zuzuschreiben als einer unbekannten Schicksalsmacht. Nur wenn etwas mißlingt, sucht der Mensch die Ursache nicht in sich, sondern in den widrigen Umständen, für die das Schicksal verantwortlich ist, das Geschick. Seit der Antike hat sich jedoch ein Wandel im Schicksalserleben vollzogen.

Der antike Schicksalsbegriff ist mit unerbittlicher Notwendigkeit verbunden. Menschliches Wollen erweist sich als machtlos gegen das Schicksal, das – übermächtig – den Einzelnen ergreift und niederschmettert.

Prometheus, angeschmiedet an den Felsen, spricht, in der Gestaltung durch Aischylos:

...Klar im voraus weiß ich ja
All meine Zukunft; unerwartet kommen wird
Mir keine Trübsal. Mein Verhängnis muß ich
denn,
So leicht ich kann ertragen, wohl erkennend, daß
Unüberwindlich der Notwendigkeit Gewalt.

Es heißt weiter, im Gespräch mit der Chorführerin:

...von tausendfachem Schmerz
Und gramgebeugt, so geh' ich einst aus dieser Haft.
Klug sein, um viel ist's schwächer als Notwendig-
keit!
Chorführerin:
Wer aber führt das Steuer der Notwendigkeit?
Prometheus:
Der Moiren drei, die Erinnyen allgedenkend auch.
Chorführerin:
Und also Zeus selbst ist der mindermächtige?
Prometheus:
Dem ihm beschiedenen Lose kann er nicht ent-
fliehn.[60]

Prometheus weiß um sein Schicksal, das die Zukunft
umgreift. Es wirkt als absolute Notwendigkeit. Das
Schicksal steht noch über dem Göttervater. Zeus ist nur
der Vollstrecker der Notwendigkeit. Deutlich ist: Das
Schicksal wird nicht gewollt, sondern erlitten. Selbst
Zeus kann seinem Schicksal nicht entgehen.

Bei Oidipos, wie ihn Sophokles gestaltet, ist es ähnlich. Ihm wird sein Schicksal geweissagt; er tut alles, um ihm zu entgehen, und er unterliegt. Kassandra, die Seherin, ist in der Lage, ein kommendes Unheil vorherzusagen. Man glaubt ihr nicht, und es tritt ein, wie vorhergesagt. Teiresias wird um die Zukunft befragt, und auch er kann sie weissagen. Das kennzeichnet den alten Hellseher: Er weiß zukünftige Ereignisse, sagt sie voraus – und das Schicksal nimmt unabwendbar seinen Lauf. Menschliches Wollen erweist sich demgegenüber als nichtig.

Der moderne Geistesforscher befindet sich in einer anderen Lage. Rudolf Steiner, der sich selbst einen Seher nennt, macht kaum Vorhersagen. Ein bedeutsamer Wandel hat sich vollzogen vom alten Hellseher zum modernen Geistesforscher.

Steiner beschreibt nur die Grundlinien der zukünftigen Entwicklung, wie sie sich aus der Vergangenheit ergeben; wie sie sich eigentlich jeder denken kann, der die Vergangenheit kennt: freilich nicht durch bloßes Nachdenken und Spekulieren, aber durch meditative Versenkung in die Bilder der Vergangenheit. Denn – so sagt Steiner in seiner «Geheimwissenschaft im Umriß» – «es entspricht *jedem* Bilde der Vergangenheit auch ein solches der Zukunft».[61] In seiner «Geheimwissenschaft» enthüllt Rudolf Steiner die Vergangenheit der Erd- und Menschheitsentwicklung bis in Einzelheiten. Für die Zukunft zieht er nur grobe Umrißlinien auf vergleichsweise wenigen Seiten – so wie er später auch menschliche Einzelschicksale über mehrere Inkarnationen zurückverfolgt, aber über die Zukunft nahezu nichts aussagt, was über allgemeine Entwicklungstendenzen hinausginge. Das bedingt die Freiheit des Menschen. Der Geistesforscher achtet und fördert diese Freiheit.

Am Beginne des Kapitels «Gegenwart und Zukunft der Welt- und Menschheitsentwickelung» führt Rudolf Steiner aus: «Im Sinne der Geisteswissenschaft von Gegenwart und Zukunft der Menschen- und Weltentwickelung etwas zu erkennen, ist nicht möglich, ohne die Vergangenheit dieser Entwickelung zu verstehen. Denn, was sich der Wahrnehmung des Geistesforschers darbietet, wenn er die verborgenen Tatsachen der Vergangenheit beobachtet, das enthält *zugleich* alles dasjenige, was er von Gegenwart und Zukunft wissen kann.»[62] Über die Zukunft kann nur gesagt werden, was die Vergangenheit zuläßt. Wer etwas über den künftigen «Jupiterzustand» der Erde erfahren will, muß den vergangenen «Mondenzustand» studieren.

An diesem Beispiel kann der Wandel abgelesen werden, der sich im Erleben des Schicksals vollzogen hat. Formelhaft ausgedrückt: Es handelt sich um den Wandel von der Notwendigkeit zur Freiheit. Das Schicksal wurde immer nur als Notwendigkeit erlebt. Künftig wird in der Notwendigkeit mehr und mehr die Freiheit aufglänzen.

Der alte Seher blickte in die Zukunft: Sie war unabänderlich. Der moderne Geistesforscher blickt in die Vergangenheit: Indem er sie erkennt, schafft er sich selbst die Grundlage zur Mitgestaltung der Zukunft.

Angewandte Philosophie der Freiheit

Auf Grund der Erkenntnis der Vergangenheit kann sich der Mensch heute frei für die Zukunft entscheiden. So gesehen, wird die Freiheit zum Maß für die Verdunkelung der Zukunft. Die Zukunft liegt notwendig im Dunkeln. Die Vergangenheit liegt zunächst auch im Dunkeln. Aber indem der Mensch seine Freiheit ergreift, hellt sich die Vergangenheit auf, kann sich der Mensch frei die Zukunft entwerfen, die immer mehr dieser Freiheit entsprechen wird. Eine vorherbestimmte und damit voraussagbare Zukunft würde der Freiheit widersprechen. Damit ist nicht gesagt, daß nicht auch heute noch Zukunft vorhergesagt werden könnte. Es mag durchaus noch «alte» Hellseher geben. Der Mensch ist ja auch noch nicht frei, sondern am Anfang eines langen Weges zur Freiheit. Selbst Rudolf Steiner soll gelegentlich Vorhersagen gemacht haben. Doch lag darin nicht seine Mission.

Anthroposophische Schicksalsforschung ist angewandte Philosophie der Freiheit. So schreibt Rudolf Steiner in seinen «Leitsätzen»: «Was in der Schicksalsgestaltung des Menschen liegt, das tritt nur zum allerkleinsten

Teile in das gewöhnliche Bewußtsein ein, sondern es waltet zumeist im Unbewußten. Aber gerade durch die Enthüllung des Schicksalsgemäßen wird ersichtlich, wie Unbewußtes zum Bewußtsein gebracht werden kann. Es haben eben diejenigen durchaus Unrecht, die von dem zeitweilig Unbewußten so sprechen, als ob es absolut im Gebiete des Unbekannten bleiben müßte und so eine Erkenntnisgrenze darstellte. Mit jedem Stück, das sich von seinem Schicksale dem Menschen enthüllt, hebt er ein vorher Unbewußtes in das Gebiet des Bewußtseins herauf.»[63]

Das Schicksal waltet im Unbewußten. Darum wird es als von außen kommend erlebt. Es kann aber ins Bewußtsein heraufgehoben werden. Das ist zunächst die eigene Vergangenheit als Voraussetzung der Gegenwart. Das gegenwärtige Handeln ist nicht schicksalhaft. In der Gegenwart ist der Mensch frei für eine mitzugestaltende Zukunft. Was das Schicksal gewollt hat, kann man erst sagen, wenn es eingetreten ist, im Rückblick. Das Schicksal ist für den Erkennenden immer schon vergangen, die Zukunft ist offen: für den Handelnden.

Schicksalsbildung

Wer handelt eigentlich, wenn der Mensch handelt? Der Mensch hat das Bewußtsein, frei zu handeln. Und so ist es wohl auch: er handelt wirklich frei. Aber nur in ganz geringem Umfang. Menschliches Handeln ist weitgehend nicht vom Ich, sondern fremd-bestimmt. Rudolf Steiner sagt am 8. Februar 1924 über den eigenen Anteil am Handeln, das Ich habe nur so viel aktiven Anteil am Tun im Leben als es aktiven Anteil am Träumen habe.[64] Den Rest übernähmen die Götter. Da walte Karma. Das kann ein Gefühl der Dankbarkeit wecken gegenüber dem Schicksal: Der Mensch ist nicht verlassen, sondern auch noch im Exil des Lebens zwischen Geburt und Tod in der Hut der göttlichen Führung.

Nur so viel er Traumbewußtsein hat im Handeln, handelt der Mensch wirklich, ist er aktiver Teilnehmer am Schicksalswalten. Nur so viel er Wachbewußtsein hat im Träumen, veranlagt er bewußt künftiges Karma schon im Leben. Johannes Thomasius, im vierten Mysteriendrama Rudolf Steiners, vollzieht diesen Schritt in der Schicksalserkenntnis:

«Ich träumte *wissend*...ja, ich *wachte* träumend.
[...]
Und wachendes Träumen
enthüllet den Seelen
Verzaubertes Weben
Des eigenen Wesens.»[65]

Das bedeutet: Ahnung des Schicksals. Schicksal waltet in dem, was nicht bewußt erlebt wird; im tiefgründigen Wollen, das dem Bewußtsein verhüllt ist, aber im wachen Träumen und im träumenden Wachen in die Ahnung treten kann.

Was auf Erden im Unterbewußtsein bleibt, wird bewußtes Erleben nach dem Tode. Da wird, jenseits der Schwelle, erlebt, was auf Erden nicht erlebt wurde, und zwar rückwärts, die andere Seite, die im Leben verschlafen wurde. Macht entfaltet der Mensch auf Erden. Nach dem Tode fühlt er sich als ein Nichts vor erhabenen Wesenheiten. Da wird er getroffen von kosmischer Sympathie und Antipathie. So betont Rudolf Steiner zu Anfang 1924: Jede böse Tat im Leben rufe einen «Regen» von Antipathie hervor. Aus diesem «Regen» erwächst die Grundlage für neues Karma. Im Leben wird die Karmabildung verschlafen.[66] Grundlagen zum Verständnis der Schicksalsbildung hat Steiner in seinen späten Karma-Vorträgen des Jahres 1924 gegeben.

Rudolf Steiners
Karma-Vorträge

Die Karma-Vorträge Rudolf Steiners sind mündlich vor-
getragene Forschungsergebnisse. Aufnahme oder Referat
dieser Forschungsergebnisse sollte Übung sein im Sinne
des Grundsatzes, den Rudolf Steiner in seinem Buch
«Wie erlangt man Erkenntnisse der höheren Welten?» im
Kapitel «Bedingungen» formuliert hat: «*Jede Erkenntnis,
die du suchst, nur um dein Wissen zu bereichern, nur um
Schätze in dir anzuhäufen, führt dich ab von deinem Wege;
jede Erkenntnis aber, die du suchst, um reifer zu werden
auf dem Wege der Menschenveredelung und der Weltenent-
wickelung, die bringt dich einen Schritt vorwärts.*»[67]
Karmaforschung ist mit Gefahren verbunden, auch
die Beschäftigung mit ihr. Der Blick auf eine vergangene
Inkarnation könnte die Sicht verhängen bezüglich der
Leistung in einer folgenden. Das ist der Grund, warum
sich der Mensch in der Regel nicht erinnert an seine eigenen vergangenen Erdenleben. Lessing, der zum ersten
Mal in der Geistesgeschichte der Menschheit die Rein-
karnationsidee als Denker erfassen konnte, hat dies klar
erkannt: «Wohl mir, daß ich das vergesse...», sagt er.[68] Im

Hinblick auf eine vergangene Größe könnte sich nur allzu leicht eine Verblendung daraus ergeben: die Glorifizierung schwächlicher Gegenwart im Lichte der einstigen Leistung. Es könnte sein, daß in einem vergangenen Leben ein Gott den Menschen zur Größe beflügelte und nun, da der Gott ihn verlassen, der wiedergekommene Rest des Menschlichen zu neuer Größe noch nicht fähig ist. Personenkult im Hinblick auf einstige Größe könnte verheerend wirken. Manch einer hält sich für ein verkanntes Genie. Das Vergangene ist aber vergangen. Im jetzigen Leben zählt nur, was jetzt geleistet wird: wie die in vergangenen Leben errungenen Fähigkeiten zum Heile der Menschheitsentwicklung eingesetzt werden. Man kann Fähigkeiten auch verkümmern lassen.

Rudolf Steiner hat den Vorhang an einigen Stellen gehoben. Zu beachten ist: Für ihn selbst war dies harte Arbeit und keineswegs eine bloße Spiegelung der geistigen Welt ins Bilderbewußtsein. Auch die Karmaforschung kann im Lebensgang Rudolf Steiners im Sinne einer Entwicklung betrachtet werden. Die Ergebnisse sind ihm nicht einfach zugefallen, sondern er hat sie sich auf dem Wege mühevoller und auch leidvoller Forschung errungen. Die Gefahr ist damit für Rudolf Steiner selbst abgewendet. Aber für den Leser sind die Schilderungen Rudolf Steiners doch zunächst eine Offenbarung, denn sie fallen ihm ohne entsprechende Arbeitsleistung zu. Man kauft ein Buch und bekommt dafür eine Fülle von Forschungsergebnissen. Darin liegt eine Gefahr. Was ist zu tun mit diesen Ergebnissen?

Für sein Buch «Theosophie» gibt Rudolf Steiner in der Vorrede zur 3. Auflage eine klare Anweisung. Da heißt es: Es «wird von dem Leser jede Seite, ja mancher Satz *erarbeitet* werden müssen. Das ist mit Bewußtsein angestrebt worden. Denn nur so kann das Buch dem Leser werden, was es ihm werden soll. Wer es bloß durchliest, wird es gar nicht gelesen haben. Seine Wahrheiten müssen erlebt werden.»[69] Wenn die dargestellten Inhalte erlebt werden sollen, bedeutet das: der Leser wird arbeitend zum Erkennenden, zum Mitschaffenden an der Wahrheit. Rudolf Steiner hat seine Karma-Vorträge als «Karma-Übungen» bezeichnet und damit zum Ausdruck gebracht, daß er sie nicht als bloße Offenbarung gegeben hat und daß er sie auch nicht als solche aufgenommen wissen wollte. Es gilt im Grunde also das gleiche wie für das Buch «Theosophie» und die übrigen anthroposophischen Darstellungen.

Imagination, Inspiration, Intuition

Das gewöhnliche Denken und Vorstellen ist zum Erfassen von Schicksalszusammenhängen ungeeignet. Es ist an die Sinneswahrnehmung gebunden; und was die Sinne vermitteln, ist vergänglich. Das Schicksal waltet im Vergänglichen aber als das Unvergängliche, als das, was ein Leben mit dem nächsten verbindet. Dazu hat Rudolf Steiner sich im «Leitsatz 94» geäussert: «Mit dem gewöhnlichen Vorstellungsleben, das durch die Sinne vermittelt wird, steht der Mensch in der physischen Welt. Um diese in sein Bewußtsein aufzunehmen, muß das Karma im Vorstellungsleben schweigen. Der Mensch *vergißt* gewissermaßen als Vorstellender sein Karma.»[70]

Der Mensch vergißt sein Karma, um frei handeln zu können, um sein Schicksal mitgestalten zu können. Angesichts der Notwendigkeiten als Ergebnis karmischer Vergangenheit könnte er nicht frei handeln, sondern nur unter der karmisch bedingten Zwangsvorstellung. Darum waltet das Schicksal im unbewußten Willen.

Im Willensbereich ist der Mensch in der Wirklichkeit des Schicksals. Aber diese Wirklichkeit ist ihm verhangen. Im Denken erreicht er Erkenntnisklarheit, aber nur im Bilde der Vorstellung, unwirklich, ohne Seinsqualität. Also kommt es darauf an, das Wollen durch das Denken zu erhellen und das Denken durch den Willen zu erkraften. Das ist der Ansatz zu den höheren Erkenntnisstufen, die zur Schicksalsforschung führen können und von Rudolf Steiner als Imagination, Inspiration und Intuition beschrieben werden. In den «Leitsätzen 95» und 96 heißt es entsprechend: «In den Willensoffenbarungen wirkt das Karma. Aber die Wirkung bleibt im Unbewußten. Durch das Erheben dessen, was im Willen unbewußt wirkt, zur Imagination, wird das Karma ergriffen. Man fühlt in sich sein Schicksal. – Tritt Inspiration und Intuition in die Imagination ein, dann wird im Willenswirken außer den Impulsen der Gegenwart das Ergebnis voriger Erdenleben wahrnehmbar...»[70]

Die Imagination führt zum Erfühlen des Schicksals, noch nicht zur Erkenntnis. Auch die Imagination ist also unzureichend für die Schicksalsforschung im engeren Sinne. Es bedarf der Inspiration und der Intuition.

Biographik, die mehr ist als Tatsachenforschung, die an die Ebene der Schicksalsforschung heranreicht, bedarf im besonderen der Ehrfurcht vor dem anderen als einer Grundübung zur Inspiration.

Wenn das erkraftete Denken die Imagination einer Biographie bildet, erlebt sich das Ich selber im Bilden der Imagination: Das Ich des Imaginierenden überlagert den Schicksalszusammenhang der anderen Individualität und vermag ihn darum nicht rein zu fassen.

In der Imagination wird das Bewußtsein erfüllt mit Bildern, die der Aktivität des Ich entspringen. In der Inspiration wird das Bewußtsein leer gemacht von allen Inhalten.

Die Inspiration erfordert die Auslöschung der Bilder. Weil aber die Bilder vom Ich gebildet sind, hat dieser Akt der Auslöschung immer auch den Charakter der Selbstauslöschung. Das Ich tritt zurück und läßt die andere Wesenheit sprechen. Die Ehrfurcht vor dem andern bildet dafür die Voraussetzung.

Das eigene Selbst tritt in der Verehrung des andern zurück. Dabei erfährt es: Je größer die Ehrfurcht, desto größer das Selbstvertrauen! Das Selbst erleidet in Ausübung der Ehrfurcht keine Minderung, sondern eine Steigerung im Erleben des höheren Selbst, das allein den andern verehren kann. Das niedere Selbst ist dazu nicht in der Lage. Es will immer nur sich und kommt so allenfalls zu fragwürdigen Imaginationen.

Ohne imaginative Fähigkeit kann man überhaupt keine sinnvolle Biographie schreiben. Aber um an die wahren Schicksalszusammenhänge heranzukommen, bedarf es der Inspiration. Denn Schicksal wird nicht im Leben, sondern im Leben zwischen Tod und neuer Geburt gewoben. Im Leben spürt man nur seine Wirkungen. Eine Biographie ist zu überschauen und auf Grund der Schicksalsforschung Rudolf Steiners vielleicht eine weitere: die Biographie mit ihren Ursachen und Wirkungen. Interessant im Hinblick auf das Schicksal ist aber der Zusammenhang, der im Leben zwischen Tod und neuer Geburt entsteht. *In der geistigen Welt vollzieht sich die Metamorphose.*

Die Grundübung für die höhere Erkenntnis überhaupt ist die Meditation. Rudolf Steiner differenziert aber, je nachdem, ob sie zur Imagination oder zur Inspiration führen soll. In der «Geheimwissenschaft» erläutert er beide Methoden am Beispiel der Rosenkreuzmeditation.

Wenn die Meditation zur Imagination führen soll, handelt es sich zunächst um einen ausführlichen gedanklichen Aufbau. Bild wird an Bild gereiht und zum Symbol erhoben. Dann achtet der Meditierende auf die Gefühle, die sich beim Bilden der Vorstellungen ergeben haben, und schließlich versenkt er sich in das schwarze Kreuz mit den sieben roten Rosen, die als Kranz um den Schnittpunkt von Vertikale und Horizontale gruppiert sind. Alle anderen Vorstellungen sollen dabei schweigen und nur dieses Bild das Bewußtsein erfüllen. Das ist die Meditation, wie sie Rudolf Steiner exemplarisch darstellt als Hauptübung zur Imagination.

Wenn die Inspiration geübt werden soll, erfolgt ebenfalls ein Aufbau in der Art, wie er für die Imagination geschildert ist; dann aber muß das Bild nicht festgehalten, sondern ausgelöscht werden.

Das Bild des Rosenkreuzes ist aus Elementen der Sinneswelt zusammengesetzt. Solche Anknüpfung an die Sinneswelt ist für die Imagination förderlich, aber für die Inspiration muß sie mehr und mehr wegfallen. Nicht mehr das Bild soll das Bewußtsein erfüllen, sondern die geistige Tätigkeit, die das Bild hervorgebracht hat, der

Bildeprozeß. Rudolf Steiner schreibt: «Was ich getan habe (meinen eigenen Seelenvorgang) will ich festhalten; das Bild selber aber aus dem Bewußtsein verschwinden lassen. Dann will ich alles in mir *fühlen,* was meine Seele getan hat, um das Bild zustande zu bringen, das Bild selbst aber will ich mir nicht vorstellen. Ich will nunmehr ganz innerlich leben in meiner eigenen Tätigkeit, welche das Bild geschaffen hat. Ich will mich also in kein Bild, sondern in meine eigene bilderzeugende Seelentätigkeit versenken.»[71] Nun handelt es sich aber bei der Meditation zur Imagination genau genommen nicht um *ein* Bild, sondern um eine Bilderfolge, in der sich ein Wesenhaftes ausspricht, das dann in dem einen Bild festgehalten wird. Ein geistiger Prozeß gerinnt zum Bild.

Ein Bild erfüllt das Bewußtsein, dann wieder eines, und so weiter; aber was jeweils *zwischen* den Bildern webt, bleibt dem imaginativen Bewußtsein verborgen. Das wird in der Inspiration bewußt, wenn die Bilder unterdrückt werden.

Solange die Bilder, oder das eine Bild des Rosenkreuzes als ihre Totalität, das Bewußtsein erfüllen, kann die Inspiration nicht eintreten. In den Bildern zeigt sich jeweils nur eine Außenseite des inneren Wesens, nicht dieses selbst. Erst in der Unterdrückung der Bildinhalte kann sich das Wesen aussprechen: *das Bild wird zum Zeichen,* das heißt, es wird verstanden.

Es genügt nicht, Bilder aus verschiedenen Erdenleben zu haben. Solange sich der Mensch an überlieferte oder selbst geschaute Reinkarnationsbilder hält, kommt er an

90

das Wesen des Schicksals nicht heran, nur an die Auswirkungen. Johannes Thomasius, im zweiten Mysteriendrama Rudolf Steiners, hat solche Bilder in seiner Schau, aber noch keine wirkliche Schicksalserkenntnis, weil ihm die Kraft der Inspiration mangelt, die erst im Verein mit der Imagination zur Intuition führt.

So ist Biographik – im engeren Sinne – keine Schicksalsforschung, sondern deren, allerdings notwendige, Vorstufe. Erst in der Unterdrückung der biographischen Bildinhalte macht sich der Mensch bereit zum Verstehen der wirklichen Sprache des Schicksals.

Die Kraft des Verzichts ist die Voraussetzung zum Entwurf. Wer Schicksal *versteht*, lernt selbst auf neue Weise *sprechen*. Das erkennende Ich wird eins mit dem «Herrn des Karma». Der anthroposophische Erkenntnisweg beginnt mit der Intuition des Ich-bin. Er führt über die Stufen der Imagination und der Inspiration zur höheren Intuition des wahren Ich-bin, jener Wesenheit, die von Inkarnation zu Inkarnation den Ursprung ins Ziel führt.

BLICK AUF ERGEBNISSE DER KARMA-FORSCHUNG

*«Der Leib unterliegt dem Gesetz
der Vererbung; die Seele unterliegt
dem selbstgeschaffenen Schicksal.
Man nennt dieses von dem Menschen geschaffene Schicksal mit
einem alten Ausdrucke sein Karma.
Und der Geist steht unter dem Gesetz der Wiederverkörperung.»*
Rudolf Steiner

Schicksalhafte Begegnungen im Spannungsbogen von Vergangenheit und Zukunft

Im Schicksal werden Vergangenheit und Zukunft ineinander gewoben. Das Vergangene ist vergangen: nicht mehr zu ändern. Blickt der Mensch in die Vergangenheit, steht er der Notwendigkeit gegenüber.

Blickt der Mensch in die Zukunft, öffnet sich ein Bereich der Freiheit. Die Zukunft ist gestaltungsfähig. Und wenn der Mensch seine Freiheit ergreift, die sich eröffnet, wird er zum Selbstgestalter seines Schicksals oder anfänglich wenigstens zum Mitgestalter. In der Mitgestaltung des Schicksals wird Notwendigkeit zu Freiheit.

Das Werk Rudolf Steiners beschreibt einen Bogen von einer Philosophie der Freiheit zu einer Philosophie des Schicksals.

Die Biographie Rudolf Steiners zeigt, wie sein beispielhaftes Leben dem Werk entspricht. Steiner hat nicht nur darüber geschrieben und gesprochen, wie der Mensch zum Selbstgestalter seines Schicksals werden kann: Er hat es selbst vorgelebt.

Schicksal zeigt sich in den großen Biographien; und es

zeigt sich in jedem einzelnen Menschenleben, in der Art wie Menschen sich begegnen, in dem, was aus Begegnungen erwächst. Zwei Menschen begegnen sich, sie kommen vielleicht aus sehr verschiedenen Weltgegenden, eine Freundschaft entsteht, ein gemeinsames Werk, gegenseitige Anregung und Förderung. Die Betrachtung beider Lebenswege zeigt dann einen großen Unterschied zwischen der Zeit vor und der Zeit nach der Begegnung. Darauf hat Rudolf Steiner am 25. Januar 1924 in Bern aufmerksam gemacht.[72] Sehr kompliziert und verschlungen können die Wege sein, bis es zur ersten Begegnung kommt, aber alle Winkelzüge des Schicksals tragen den Charakter der Notwendigkeit, bis hin – beispielsweise – zu einem verpaßten Zug. Ein Mensch verpaßt einen Zug: Wäre der Zug nicht verpaßt worden, wäre vielleicht alles anders gekommen, die Begegnung hätte nicht stattfinden können, und das Leben hätte einen anderen Verlauf genommen. Man kann sagen: Die beiden Menschen haben sich gesucht, aber sie wußten nichts voneinander – bis sie sich fanden. Nicht absichtlich hat der eine den Zug verpaßt, damit er dem andern begegnet. Das Schicksal lenkte ihre Schritte. Nun lenken sie ihre Schritte selber – aufeinander zu, voneinander weg. Vor der Begegnung waltete Notwendigkeit, nach der Begegnung eröffnet sich Freiheit in der Gestaltung der Beziehung, und das bedeutet vor allem: Die Fehler des andern zu ertragen – oder sich wieder wegzuwenden.

Die Schicksalsforschung Rudolf Steiners zeigt, wie sich nicht nur die Freiheit aus der Notwendigkeit erhebt,

96

sondern wie auch die Notwendigkeit ihrerseits einen Freiheitsraum in einem vergangenen Erdenleben zur Voraussetzung hat. Die Menschen haben es durch ihre Beziehung in einem vergangenen Erdenleben selbst bewirkt, daß die Ereignisfolge mit Notwendigkeit in diesem Leben zur Begegnung führte, daß die Schritte so gelenkt wurden, daß aus der Notwendigkeit der Begegnung Begegnungen in Freiheit werden können.

In der Intensität schicksalhafter Begegnung gibt es große Unterschiede. Ob die Menschen in vergangenen Erdenleben viel oder wenig miteinander zu tun gehabt haben, zeigt sich an der Art, wie sie jetzt aufeinander wirken. Jeder Mensch ahmt nach. Die Nachahmung erfolgt unbewußt oftmals bis in die Sprechweise und Gestik hinein. Kinder reden und bewegen sich vielfach wie ihre Eltern, in der Schul- und Studentenzeit werden bestimmte Lehrer nachgeahmt und schließlich gibt es während des ganzen Lebens Menschen, die auf den einen oder andern vorbildlich wirken. Solche Vorbildlichkeit gilt keineswegs allgemein; denn wer auf den einen vorbildlich wirkt, kann auf den andern abstoßend wirken. Aber in beiden Fällen handelt es sich um eine tiefe Schicksalsbeziehung. Die Wirkung erfolgt auf den Willen. Der eine Mensch ist vom andern im Willen ergriffen, unbewußt, und er reagiert nachahmend oder widerstrebend.

Es gibt andere Menschen, die wirken nur oder vorzugsweise auf den Verstand: Man gibt Urteile ab, ohne nachzuahmen oder zu widerstreben; man urteilt, ohne sich aufgerufen zu fühlen, den andern zu bekämpfen oder zu fördern. Dann liegt keine oder nur eine oberflächliche Schicksalsbeziehung vor, und durch bloße Verstandesbeurteilung wird auch kein kommendes Karma veranlagt. Die Beziehung zweier Menschen ist in der bloßen gegenseitigen Beurteilung auf die unmittelbare Gegenwart beschränkt.

Darum bedarf es zur Schicksalsforschung höherer Seelenkräfte als derjenigen des Verstandes. Dem Verstand verschließen sich Vergangenheit und Zukunft. Da aber die Gegenwart von Vergangenheit und Zukunft bestimmt wird, ist der Verstand in seiner jeweiligen Gegenwart orientierungslos. Er verfällt dem Zufälligen und Belanglosen. Der Verstand ist nicht in der Lage, das Gegenwärtige einzuordnen in den Spannungsbogen von Vergangenheit und Zukunft. Er kann sich aber verstärken zu Imagination, Inspiration, Intuition. Und daraus hervorgehende Schicksalsforschung kann dann der Selbsterkenntnis im Hier und Jetzt dienen. Das zeigt besonders der Blick auf Metamorphosen, die bestimmte Eigenschaften und Verhaltensweisen in der Schicksalssphäre von Leben zu Leben durchmachen.

Schicksalsmetamorphosen im Seelenleben

Rudolf Steiner hat am 24. Februar 1924 die Schicksals-
metamorphose von Liebe, Pflicht und Antipathie entwickelt. Taten der Liebe bedürfen keines karmischen
Ausgleichs. Sie heben vielmehr Karma auf und das, sagt
Steiner, bewirkt Freude im nächsten Erdenleben. Liebe
strömt vom Ich aus, Freude erfüllt das Ich wie von außen.
Liebe, die ausgeströmt ist, kommt als Freude zurück.
Freude ist Gnade, Folge von Liebestaten im vergangenen
Erdenleben. Es gibt Menschen, die können sich über die
geringste Kleinigkeit freuen, andere gehen griesgrämig
durchs Leben, nichts erfreut sie. Freude kann man nicht
lernen, man kann nicht sagen: Ich will mich freuen – aber
man kann Selbstlosigkeit üben und andere Menschen
fördern. Das ist die Grundlage für künftige Freude.

Rudolf Steiner hat gezeigt, wie auch die Freude noch
eine Metamorphose erfährt. Sie verwandelt sich in einem
weiteren Erdenleben in Menschen- und Weltverständnis.
«Menschen», sagt Steiner, «die mit freiem, offenem Sinn
so durch die Welt gehen können, daß der freie, offene Sinn
die Welt in sie hereinströmen läßt, so daß sie für die Welt

Verständnis haben, das sind Menschen, die diese Stellung zur Welt sich durch Liebe und Freude errungen haben.»[73]

Anfänglich kann man die Metamorphose von Liebe in Freude und Erkenntnis schon in *einem* Lebenslauf verfolgen. Wer sich von einem Gegenstand abwendet, kann ihn nicht erkennen. Erkenntnis setzt liebevolle Zuwendung voraus. Liebe erschließt die Welt. Die rechte Erkenntnisstimmung ist Freude. Dem Griesgram in seinem Mißmut bleibt die Welt verschlossen.

Anders verläuft die Metamorphose der Pflicht. Handlungen aus liebloser Konvention, aus bloßer Pflicht, führen in einem nächsten Leben dazu, daß man den anderen Menschen gleichgültig ist. Man wird darunter leiden, daß man unbeachtet bleibt, und das wiederum wird in einem dritten Leben dazu führen, daß der Mensch selbst nichts Rechtes mit sich anzufangen weiß. Das Leben wird er als sinnlos empfinden. Er wird leiden an dem, was die Franzosen «ennui» nennen, am Überdruß, der eindrucksvoll von Charles Baudelaire in seinen «Blumen des Bösen» gestaltet wurde.[74] «Ennui» ist nicht Stumpfheit. Man versteht schon die Welt, hat aber keine Freude an ihr; man ist vielmehr angewidert. Und auch die Klugheit ist kein Schutz vor dem allgemeinen Lebensekel.

Noch bedrückender ist die Metamorphose der Antipathie. Handlungen, die aus Antipathie oder gar Haß begangen werden, führen zu Unlust, die von außen verursacht wird als dem Gegenteil der Freude, was wiederum in einem dritten Leben zur Stumpfheit des Geistes führt.

100

In Haß, der zu Stumpfheit führt, blockiert der Mensch seine eigene Entwicklung. Wer dem anderen schaden will, schadet sich nur selbst.

Menschen gibt es freilich nicht, die immer nur aus Liebe, immer nur aus Pflicht oder gar Antipathie heraus handeln würden. Das Leben zeigt gemischte Charaktere. Mal handelt der Mensch selbstlos, mal aus Pflicht, mal aus Antipathie heraus.

Der Blick auf solche Betrachtungen mag die Bedeutung der Karma-Forschung für die Pädagogik erahnen lassen. Es wird verständlich, wenn man so das Leben betrachtet, unter dem Blickwinkel karmischer Metamorphosen, warum Rudolf Steiner als Grundelement aller Erziehung immer wieder die Liebe hervorgehoben hat: Liebe, die sich in Freude und schließlich in Menschen- und Weltverständnis verwandelt. Seine Karmaforschung zeigt, warum die Liebe der Ausgang und die Voraussetzung jeglicher Erkenntnis ist, und warum es niemals und für keinen Menschen ein Zuspät gibt: Jeder Mensch, und wenn er noch so unglücklich ist, kann sofort anfangen zu lieben. Niemand kann ihn hindern. Auch im Gefängnis, auch im Krankenhaus. Das gilt nicht für die Freude. Freude läßt sich nicht selbst erzeugen, sie kommt von außen ins Ich. Und so auch die Erkenntnis. Sie läßt sich nicht erzwingen. Aber Liebe im weitesten Sinn kann jederzeit und überall geübt werden. Und sie wird sich verwandeln, anfänglich schon in diesem Leben, in Freude und Menschen- und Weltverständnis.

Im Vollzug dieses Dreischritts wird die Seele erfah-

ren, daß er sich wendet. Weltverständnis bedeutet kein
Ende. Die Seele schwingt zurück und voraus, voraus und
zurück. Sie beschreibt, metamorphosierend, die Figur einer Lemniskate. Jede wirkliche Einsicht erfüllt die Seele
mit Freude. Und aus Erkenntnis handeln ist Liebe. Darum bezeichnet Rudolf Steiner in seiner «Philosophie
der Freiheit» das Denken als «Kraft der Liebe in geistiger Art».[75] Zunächst ist das Denken nur Abbilden. Es
kann sich aber meditativ verstärken zur Kraft der Liebe.
Aus Weltverständnis folgen dann entsprechende Handlungen: «Geistige Erkenntnis», heißt es in der «Geheimwissenschaft im Umriß», «wandelt sich durch das, *was
sie ist*, in Liebe um.»[76]

Diese Wendung bleibt jenen verschlossen, die, ausgehend von kalter Pflicht, in Lebensekel, oder ausgehend
von Haßgefühlen, in Stumpfheit versinken. In Lebensekel und Stumpfheit kann nichts erkannt werden. Aber
der Strahl der Liebe, der auf Golgatha in die Hölle fiel,
kann auch Lebensekel und Stumpfheit aufhellen. Liebe
ist immer möglicher Anfang.

Von der Bedeutung des Mineralreichs im Spannungsbogen von Schicksal und Freiheit

Das Schicksal wird in den Lebenstaten der Menschen veranlagt; gewoben aber wird es im Leben zwischen Tod und neuer Geburt. Wer sind die Weber des Schicksals? Die Überlieferung zeigt, und die Geistesforschung Rudolf Steiners bestätigt: Es gibt Wesensreiche über dem Menschen, wie es Wesensreiche unter dem Menschen gibt. Das bedeutet: Einblick in das Schicksal, in Vergangenheit und Zukunft, setzt Einblick in die vertikale Gliederung der Seinsbereiche voraus. Für das christliche Abendland hat Paulus in seiner Hierarchienlehre solchen Einblick eröffnet. In der Gestalt, die ihr Dionysius Areopagita gab, war sie als Tradition im ganzen Mittelalter lebendig.

Einen eigenen Zugang zur Welt der Hierarchien dokumentiert das Werk des Johannes Scotus Eriugena, der am Hofe Karls des Kahlen wirkte. Er schreibt, beispielsweise, in seiner Abhandlung «Über die Einteilung der Natur»: Der Mensch ist «die Werkstätte aller Kreaturen, weil in ihm die gesamte Kreatur enthalten ist. Er denkt nämlich wie ein Engel, hat als Mensch Vernunft, empfindet wie das vernunftlose Tier, lebt wie der Keim und besteht aus Körper und Seele, indem er keiner Kreatur unteilhaftig ist.»[77] Der Mensch trägt die Naturreiche – Stein, Pflanze und Tier – in sich und erhebt sich zum Menschen, indem er Vernunft entfaltet. Aber Johannes Scotus Eriugena hat auch noch eine Anschauung vom Engel im Menschen, wenn er sagt: er denkt wie ein Engel, wobei Denken für ihn eine höhere Fähigkeit ist als Vernunft haben. Der Mensch hat Vernunft als Mensch. Aber als Engel denkt er, das heißt, Denken ist Schauen – noch für Johannes Scotus Eriugena im neunten Jahrhundert.

Die Sinnesanschauung zeigt: es gibt drei Reiche unter dem Menschen: Mineralreich, Pflanzenreich, Tierreich. Die geistige Anschauung zeigt: es gibt drei Reiche über dem Menschen: drei Hierarchien, die ihrerseits dreigegliedert sind: die neun Chöre der Engel, deren Namen überliefert sind als Engel, Erzengel und Urbeginne – die dritte Hierarchie; als Exousíai, Dynámeis, Kyriótetes – die zweite Hierarchie; als Thrónoi, Cherubim und Seraphim – die erste Hierarchie.[78]

Der Mensch selbst ist die Mitte der Schöpfung. Er bildet sein Schicksal im Zusammenhang mit den Reichen über und unter ihm, die selbst kein Schicksal kennen. Schicksal ist menschlich. Nur der Mensch hat Schicksal. Aber den Reichen über und unter ihm steht der Mensch nicht nur gegenüber; sie sind seinem Wesen einverwoben. Er ist in ihnen, und sie sind in ihm. Der Mensch ist nicht nur Mensch: Er ist auch Stein, Pflanze und Tier.

104

So leben auch die drei höheren Hierarchien in ihm, auch wenn dies dem gewöhnlichen Bewußtsein nicht zugänglich ist. Zwischen Tier und Engel versucht der Mensch im Leben zwischen Geburt und Tod seine Freiheit zu verwirklichen. Im Tode steht er einer zweifachen Notwendigkeit gegenüber: der Leib wird der Natur übergeben und von ihr zerstört; die geisterfüllte Seele nehmen die göttlichen Hierarchien entgegen; sie weben das Schicksal gemäß den Erdentaten der Seele und führen den Geistkeim zur neuen Inkarnation.

Rudolf Steiner hat am 17. Februar 1924 in Dornach den Einfluß der verschiedenen Reiche über und unter dem Menschen auf diesen selbst, als Grundlage seiner Freiheit, untersucht. Er hebt hervor, daß der Mensch dem Mineralreich anders gegenübersteht als dem Pflanzen- und Tierreich. Zwar trägt er – wie Pflanzen- und Tierreich – auch das Mineralreich in sich, aber er erlebt sich ihm gegenüber doch als frei und unabhängig, was vom Pflanzen- und Tierreich so nicht oder zumindest nicht in dem Maß gesagt werden kann. Rudolf Steiner formuliert geradezu: «...wenn diese Freiheit und Unabhängigkeit der Bewegung in der mineralischen Welt nicht da wäre, dann gäbe es überhaupt nicht das, was wir menschliche Freiheit nennen... Die mineralische Welt ist eigentlich da als das notwendige Gegenstück zu der menschlichen Freiheit. Gäbe es keine mineralische Welt, wir wären eben nicht freie Wesen.»[79]

Schon der Pflanzenwelt gegenüber befindet sich der Mensch nicht in der gleichen Distanz. Das Mineralreich nimmt er sinnlich wahr, mit Augen und Ohren. Das Pflanzenwesen ist sinnlich nicht wahrnehmbar. Was an der Pflanze wahrnehmbar ist, ist ihr mineralischer Anteil. Aber der Mensch ist selbst ein lebendiges Pflanzenwesen, und dieses ist abhängiger von seiner Umgebung als der Mensch, insofern er ein Sinneswesen ist. Die Pflanzenwelt, sagt Rudolf Steiner, «lebt aus dem von allen Seiten in die Erde hereinkraftenden Äther. Der Mensch unterliegt auch diesem Äther.» Die Lebenskraft im Menschen ist in ihrer Substanz identisch mit den Kräften, die Pflanzen wachsen lassen. Und Steiner hat gezeigt, wie in diesen ätherischen Kräften die Wesenheiten der dritten Hierarchie wirksam sind: Angeloi, Archangeloi, Archai. Zu diesen Wesenheiten, sagt Steiner, «entwickeln wir in leibfreiem Zustande zwischen dem Tod und einer neuen Geburt unsere Beziehungen, unsere Verhältnisse. Und je nachdem wir diese Beziehungen und Verhältnisse zu diesen Wesenheiten der dritten Hierarchie entwickeln, gestaltet sich unser inneres... unser Wesenheitskarma, dasjenige Karma, welches abhängt davon, wie unser Ätherleib unsere Säfte zusammensetzt», gestaltet sich allgemein «Wohlbefinden und Mißbehagen des Lebens» als ein erster Bereich des Karmawirkens.

Ein zweiter Karmabereich wird erschlossen aus dem Zusammenhang des Menschen mit der Tierheit. Wie sein Lebenswohlbehagen abhängt von den allgemeinen Lebenskräften der Erde, insofern die dritte Hierarchie in ihnen wirkt, so hängen Sympathien und Antipathien, die sich im Leben entwickeln, ab von der Tieratmosphäre.

Diese wirkt noch stärker auf den Menschen als die Äther-Aura der Erde. Und Rudolf Steiner hat gezeigt, wie in der Tieratmosphäre der Erde die zweite Hierarchie lebt: Exousíai, Dynámeis, Kyriótetes: «Dasjenige, was irdisches Abbild ist der hohen, herrlichen Gestaltungen dieser zweiten Hierarchie, das lebt im Tierreich. Das aber, was diese Wesenheiten, wenn wir mit ihnen verkehren zwischen dem Tod und einer neuen Geburt, in uns verpflanzen, das lebt in dem, was wir als die uns eingeborenen Sympathien und Antipathien aus der geistigen Welt mit hereintragen in die physische Welt.»[80] Damit ist nichts gegen Vererbungsgesetze auf physischer Ebene gesagt. Es handelt sich um eine Erweiterung des Gesichtskreises. Rudolf Steiner sagt nicht: Vererbung gibt es nicht; er sagt vielmehr: Der Vererbung eines bestimmten Merkmals geht die Sympathie zu diesem Merkmal in der geistigen Welt zwischen Tod und neuer Geburt voraus. Und das gilt auch für die Sympathie für bestimmte Sympathien und Antipathien, die zwischen Tod und neuer Geburt im Zusammenwirken mit den Wesenheiten der zweiten Hierarchie entwickelt wird. Diese schon vor der Geburt veranlagten Sympathien und Antipathien trägt die Seele ins Leben, wo sie den Charakter karmischer Notwendigkeit tragen und nur schwer verändert werden können. Der Mensch ist seinen Sympathien und Antipathien gegenüber noch weniger frei als dem allgemeinen Lebenswohlbefinden oder Mißbehagen gegenüber, das von der Ätheraura der Erde und von der in ihr wirkenden dritten Hierarchie abhängt.

Ein dritter Bereich karmischer Bedingtheit gestaltet sich aus dem Verhältnis des Menschen zum Menschen selbst. In diesem Bereich ist der Mensch nicht mehr nur von Pflanze und Tier, sondern auch von seinen Mitmenschen, und damit letztlich vom eigenen Ich abhängig. Wie ich anderen Menschen begegne, hängt immer auch von mir selbst ab. Verschlungen sind oftmals die Wege, die der Mensch geht, unbewußt, nur um einen bestimmten Menschen zu treffen, der ihn zu einem bestimmten Zeitpunkt lebensentscheidend fördern kann. Hier waltet Schicksal im engeren Sinn, im Bereich der «Ereignisse und Erlebnisse». Und Rudolf Steiner hat gezeigt, wie in diesem dritten Bereich, wo die Schritte des Menschen zu Ereignissen und Erlebnissen gelenkt werden, die höchste Hierarchie wirkt: Thrónoi, Cherubim und Seraphim, Wesenheiten, die den Menschen im Leben zwischen Tod und neuer Geburt zu Entschlüssen führen, beispielsweise: einen bestimmten Schaden auszugleichen. Mit unabdingbarer Notwendigkeit wird dann der Mensch im Leben zu diesem bestimmten Ausgleichserlebnis geführt.

So waltet im Menschenreich höchste Notwendigkeit. Und im Bereich der höchsten Notwendigkeit zeigt sich nun gerade der Keim der Freiheit: insofern der Mensch seine Taten vom Denken her selbst bestimmt und der Erde einprägt. Der Mensch kann zum Autor seines Schicksalsbuches werden im Maße als er sich selbst einschreibt in den untersten Bereich, in den Bereich der physisch-mineralischen Welt. Dem toten Mineral gegenüber erlebt sich der Mensch anders als Pflanze, Tier und Mensch gegenüber. Dem toten Mineral gegenüber bildet er freie Gedanken, die den Willen zu Taten impulsieren können, die dann auch im Pflanzen-, Tier- und Menschenreich wirksam werden. «Aber mit seinen Gedanken», sagt Steiner, «lebt der Mensch eben in der mineralischen Welt. Und mit allem übrigen, mit dem er lebt in der pflanzlichen, in der tierischen, in der rein menschlichen Welt, unterliegt er dem Schicksal. Und die Freiheit ist etwas, wovon man eigentlich sagen kann: Der Mensch tritt aus den Reichen, die von den höheren Hierarchien beherrscht werden, heraus in das Reich, das von den höheren Hierarchien in einer gewissen Weise frei ist, in das mineralische Reich, um seinerseits frei zu werden.»[81]

Das mineralische Reich trägt der Mensch auch in sich, aber anders als Pflanzen- und Tierreich. Er trägt es in sich als einen Leichnam, den er aussondert, bis zu einem bestimmten Grade während des ganzen Lebens, zunehmend im Alter und endgültig im Tode. Dieser ausgesonderte Leichnam ist nicht der Mensch. Der Mensch kämpft gegen ihn an im Leben; er versucht, ihn zu verwandeln, was in ersten Ansätzen auch gelingen mag, seit Golgatha: am Ende aber, in gegenwärtiger Erdenzeit, unterliegt der Mensch. Er muß sterben. Warum eigentlich? Diese Rätselfrage des Lebens wird erschlossen in der Karmaforschung Rudolf Steiners. «Der Mensch muß sterben», sagt er, «damit er als Leichnam in dem Reiche ist, in dem er frei ist auch seiner Naturerscheinung nach.» Die Freiheit wird der Notwendigkeit des Todes abgerungen. Das Mineralreich ist der Ausdruck des Toten. In dieses Reich muß der Mensch immer wieder herabsteigen von Inkarnation zu Inkarnation. Anders gewendet: Wer die Welt flieht, verspielt seine Freiheit.

Einst war auch das Mineralreich lebendig, göttlich durchwaltet. Aber die Götter haben es aus ihrer Wesenheit ausgesondert. Sie haben es dem Menschen entgegengesetzt als den Boden, auf dem er sich frei entfalten kann. Darum findet er die Gottheit nicht mehr im Mineralreich: «Die Gottheit ist im pflanzlichen, im tierischen, im menschlichen Reiche. Da haben wir sie gefunden in ihren drei Hierarchien. Im Mineralreich ist sie so wenig, wie der menschliche Leichnam Mensch ist. Das mineralische Reich ist der göttliche Leichnam.»[82] Gott mußte sterben – damit der Mensch werden kann wie Gott: die freie, die zehnte Hierarchie zu bilden.

DER STURZ DES DRACHEN

*Das Michaelzeitalter ist angebro-
chen. Die Herzen beginnen, Gedanken zu haben; die Begeisterung ent-
strömt nicht mehr bloß mystischem
Dunkel, sondern gedankengetrage-
ner Seelenklarheit. Dies verstehen
heißt, Michael in sein Gemüt aufnehmen.*

Rudolf Steiner

Vom Dualismus und seiner Aufhebung

Eine Einführung in die Anthroposophie als Gralswissenschaft bedarf einer Meditation über das Böse und seine Überwindung: Ohne die Wirksamkeit des Drachen gäbe es kein Karma. Der Drache offenbart im Dualismus ein Doppelantlitz.

Für den abendländischen Dualismus ist das Jahr 869 symptomatologisch bedeutsam, insofern damals, auf dem Konzil zu Konstantinopel, die Geistseele als selbständiges Wesensglied des Menschen negiert wurde.[83] Man spricht seitdem nur noch von Leib und Seele und entsprechend von Materie und Geist, Himmel und Hölle, Paradies und irdischer Not.

In der bloßen Dualität von Gut und Böse verkehrt sich aber das Gute in sein Gegenteil. Es gibt auch zu viel des Guten. Das Gute wird dann zu einem anderen Bösen. Das göttliche Licht verkehrt sich in luziferisches Licht. Der Altruist wird zu einem verkappten Egoisten. Die Sehnsucht nach dem verlorenen Paradies verfehlt die Evolution. Darauf hat Rudolf Steiner in seinen Vorträgen über die «Sendung Michaels» aufmerksam gemacht.[84]

Mensch und Welt in ihrer Evolution sind nur aus dem Prinzip der Drei heraus zu verstehen. Wer nur Himmel und Hölle denken kann, macht die Erde zur Hölle. Sie ist es ja manchmal auch. Es käme aber darauf an, sie zu verwandeln. Dazu hat Christus am Kreuz den Impuls gegeben. Er hat einen Strahl des Himmels in die Hölle gelenkt: damit die Erde sich weiterentwickeln kann – im Freiraum *zwischen* Himmel und Hölle.

Die grundlegende Zwei in der Welt nennt Rudolf Steiner Luzifer und Ahriman. Anthroposophie hebt diesen Urgegensatz auf. Sie ist das dritte Prinzip. Luzifer bringt die Freiheit, Ahriman behauptet sie als Macht. Christus verbindet den Menschen mit dem Menschen. Freiheit entsteht im Erkenntnisleben, Macht im Willensbereich. Wer den andern gelten läßt, verzichtet auf Macht: so entsteht die höhere Freiheit als Kraft der Liebe, die Verwirklichung des Christus-Impulses.

Aufgabe des Menschen ist: die Mitte zu finden, das Gleichgewicht zu halten, Luzifer zu erlösen und Ahriman zu überwinden. Dazu bedarf er der Hilfe aus geistigen Hierarchien. Sie wird ihm aber nur zuteil, wenn er von sich aus sein Geistiges mit ihrem Geistigen in Verbindung bringt. Dabei offenbart sich die Wesenheit Michaels.

Der Sturz Luzifers

Seit 1879 ist der Erzengel Michael Zeitgeist. Rudolf Steiner hat sein Wirken in den Dienst Michaels gestellt. (Besonders seine Karma-Forschung steht ganz im Zeichen Michaels.) Michael weist den Weg zu Christus. Darum hat Rudolf Steiner die «Schaffung eines Michaelfestes aus dem Geiste heraus» als eine der wichtigsten Zukunftsaufgaben bezeichnet, vor allem auch mit Blick auf die Lösung der sozialen Frage.[84a] Immer wieder hat er das altüberlieferte Bild vor das Seelenauge der Menschen gerückt: Michael, der den Drachen überwindet. Wer ist der Drache?

Da es jeweils zwei Abirrungsmöglichkeiten gibt, hat Aristoteles die Tugend als Mitte zwischen Zweien beschrieben[85]; und Rudolf Steiner spricht vom Doppelantlitz des Bösen. Michael sieht sich nicht nur *einem* Drachen gegenüber. Luzifer und Ahriman: beide sind Gegner Michaels, beide hat Michael überwunden. Das alte Bild – Michael, den Drachen zu seinen Füßen – hat heute eine andere Bedeutung als früher.

In alten Zeiten hatte es der Mensch vorzugsweise mit Luzifer zu tun. Luzifer ist die alte Schlange, die den Menschen zur Intelligenz verhalf. Luzifer stürzte vom Himmel auf die Erde, damit der Mensch an ihm erwache. Man kann auch sagen: Luzifer wurde dem Menschen von Michael gesandt, damit er zu sich selber käme. Die äußere Natur blieb von ihm verschont. Sie ist auch heute noch unschuldig und – soweit sie nicht von Menschen verdorben wurde – ein Spiegel der schaffenden Gottheit.

Luzifer weckte Begierde im Erkenntnisbereich, in der Nerven-Sinnes-Organisation des Menschen, die vor allem im Kopf repräsentiert ist. Rudolf Steiner formuliert: «Durch das Haupt sprachen zu Menschen zunächst nur die luziferischen Wesenheiten. Und wir können sagen: Dem Menschen wurde zu seinem Haupte hinzu erschaffen der übrige Organismus, damit zu ihm sprechen können seine Götter.»[86] So erlebte sich der Mensch in der Zweiheit: im Kopf beeinflußt von Luzifer, im übrigen Organismus von Gott. Michael ist der «Verwalter der kosmischen Intelligenz».[87] In Luzifer erstand ihm ein Gegner, der ihn berauben und den Intelligenzimpuls im Menschen veranlagen konnte. Darum mußte er sich von Gott ab und dem Menschen zuwenden, vom Himmel auf die Erde: Das ist sein «Sturz». Rudolf Steiner interpretiert: «Diejenige geistige Macht, welche [...] das luziferische Wesen in die menschliche Hauptesbildung einorganisiert hat, das ist die Michael-Macht. «Und er stieß seine gegnerischen Geister herunter auf die Erde», das heißt: Durch dieses Herunterwerfen der dem Michael gegnerischen luziferischen Geister wurde der Mensch zu-

116

nächst durchdrungen mit seiner Vernunft, mit dem, was dem menschlichen Haupte entsprießt.

So ist es Michael, der seine Gegner dem Menschen gesandt hat, damit der Mensch durch die Aufnahme dieses gegnerischen, dieses luziferischen Elementes zunächst seine Vernunft erhalten hat.»[88]

So gesehen, liegt die Begegnung des Menschen mit dem Drachen im Sinne der höheren Weltenlenkung: nihil contra deum, nisi deus ipse – nichts gegen Gott, wenn nicht Gott selber.

Michael als Nachtgeist

Vernunft entfaltet der Mensch am Tage. Das Licht der «Aufklärung» ist Tageslicht. Aber es ist luziferische Geistigkeit, die sich im vernunftbegabten Menschen zunächst entfaltet. Ihr Wirkensbereich ist das Haupt. Im Stoffwechsel-Gliedmaßen-System waltet der unbewußte Wille. Das ist der Bereich, in dem sich die guten Götter offenbaren. Diese sind im Alten Testament durch den Gott Jahwe repräsentiert. Michael aber ist das «Antlitz Jahwes». Sein Name sagt: Wer ist wie Gott?

Jahwe nannte man den «Regierer der Nacht». Er wirkt auf das Unbewußte im Menschen, auf den schlafenden

Willen im Stoffwechsel-Gliedmaßen-System. Und so war auch Michael in alten Zeiten, als Gegner Luzifers, ein Nacht-Geist. Er hat Luzifer ins Tageslicht gestoßen, wo er die Vernunft regiert. «Und an Michael dachte man», sagt Rudolf Steiner, «wenn man all die prophetischen Eingebungen meinte, durch die man mehr begriff als dasjenige, was durch die Erkenntnis der Sinneswelt kommen würde.»[89]

So konnte Michael die von ihm verwaltete kosmische Intelligenz nur in der Nacht an den Menschen heranbringen, über den unbewußten Willen. Deshalb sagte man: «Den Seinen gibt's der Herr im Schlaf.» Das bezieht sich auf die vorchristliche Menschheit. Wer sich heute noch an die Nacht-Offenbarung halten wollte, verfiele dem anderen Gegner: Ahriman.

Michael als Taggeist

Durch das Ereignis von Golgatha hat sich des Menschen
Beziehung zur Geistwelt grundlegend geändert. Offenbarung und Vernunft stehen nicht mehr im Gegensatz.
«Und nun erhellte die Vernunft allmählich seine Offenbarung», wie Lessing sagt,[90] oder anders gewendet: Die
Offenbarung wurde zur Vernunft. In seinen späten Karma-Vorträgen beschreibt Rudolf Steiner diesen Vorgang
als Niederstieg der kosmischen Intelligenz ins Menschen-Innere. Michael hat sie nicht festgehalten. So
konnte der Raub gelingen. Die kosmische Intelligenz hat
aber auf ihrem Weg ins Menschen-Innere ihren kosmischen Charakter verloren. Sie wurde luziferisch-
intellektuell, weil Michael in der Geistwelt den Sieg über
Luzifer davontrug und ihn in die Sphäre der Menschen
stürzte. Dem Menschen erwächst daraus die Aufgabe,
Luzifer zu erlösen, indem er die durch ihn gewonnene Intelligenz von innen heraus wieder kosmisch orientiert.
Die Richtung gibt Michael – nur die Richtung. Michael
offenbart nur noch, insoweit sich der Mensch die Offenbarung erringt. Er wurde zum «schweigsamen Geist».
Als «geistiger Held der Freiheit» lebt er nicht wie andere

Geister in den Ursachen, sondern in den Folgen der Menschentaten.[91]

Michael will Selbstdenker. «Vom letzten Drittel des neunzehnten Jahrhunderts an will er *in* den Menschenseelen leben, in denen die Gedanken gebildet werden.»[92] Nacht-Offenbarung kommt nicht mehr von Michael. Rudolf Steiner formuliert: «Durch die Tagerkenntnis hindurch muß kommen dasjenige, was früher nur Nachterkenntnis war. Mit anderen Worten: Michael war der Offenbarer durch die Nacht und soll werden in unserer Zeit der Offenbarer während des Tages. Michael soll werden aus einem Nachtgeist ein Taggeist.»[93]

Michael wird zum Taggeist: Das bedeutet nicht, daß er sich jetzt für die gewöhnliche Sinneserkenntnis des Menschen interessierte – dabei würde er selbst luziferisch und seinem Wesen untreu. Er behält vielmehr auch als Taggeist seine Mission, die kosmische Intelligenz zu verwalten. Er möchte sie als vom Menschen erzeugt wieder aufsteigen sehen, das heißt als persönliche und zugleich überpersönliche Intelligenz. Sein Wesen ist die Frage nach dem Menschen: Wer ist wie Gott? Es offenbart sich im Antlitz Christi.

Luzifer und Christus

Die kosmische Intelligenz, wie sie in alter Zeit von Michael verwaltet wurde, war allgemeingültig, für alle Wesen gleich. Nachdem sie von Luzifer geraubt und Luzifer selbst von Michael in die Sphäre der Menschen gestoßen wurde, lebt sie als menschlicher Intellekt weiter, der das gleiche unpersönliche Element zeigt, wie seine ursprünglich kosmische Entprechung. Niemand kann eine Privatlogik entfalten. «Der gesunde Verstand», sagt Descartes, «ist die bestverteilte Sache der Welt».[94] Alle Menschen sind gleich im Intellekt. «Dieses Gleiche», interpretiert Steiner, «hätten wir nicht, wenn nicht der luziferische Einfluß, durch Michael vermittelt, auf die Menschheit ausgeübt worden wäre.»[95] Und er unterscheidet den Intelligenz-Impuls vom Christus-Impuls: «...wenn ganz unabhängig voneinander noch so viele Menschen den Christus-Impuls zu ihrem persönlichen machen, so wird er ganz von selber der gleiche... Das ist der Unterschied zwischen dem Intelligenz-Impuls und dem Christus-Impuls. Der Christus-Impuls kann über die ganze Menschheit hin gleich sein und ist doch für jeden einzelnen eine persönliche Angelegenheit. Die Intelligenz ist nicht eine persönliche Angelegenheit.» Wenn nun die Intelligenz christlich werden soll, muß sie dennoch eine persönliche Angelegenheit werden.

Im Denken eine persönliche Beziehung zum Mysterium von Golgatha gewinnen, darauf käme es im Sinne Michaels an. Er möchte das Geistige im Menschenwesen wieder zum Geistigen im Weltall führen; er möchte den Menschen nicht – wie Luzifer – ins verlorene Paradies, sondern in einen neuen Himmel geleiten: nicht als allgemeine Wesenheit, sondern individualisiert, als Selbstdenker, der sich selbst wieder einfügt ins Ganze und Ur-Eine, ohne dabei das Selbstsein zu verlieren.[96] Aus dem alten Garten wird dann eine neue Stadt.

Der Sturz Ahrimans

Einstmals wirkte Michael im Sinne Jahwes auf den Willen des Menschen, indem er ihm als Nachtgeist die kosmische Intelligenz einflößte. Heute wendet sich Michael als Taggeist an das Denken, an das Geistige im Menschenwesen, das aber vorerst noch luziferisch besetzt ist.

Inzwischen hat Michael den zweiten großen Gegner der Menschheitsevolution besiegt: Ahriman. Auch er ist ein Gegner, der die Evolution auf seine Weise fördert. Er wurde kosmisch besiegt und ebenfalls gestürzt, aber nicht in den Kopfbereich, sondern in die Stoffwechsel-Gliedmaßen-Sphäre der Menschen, von wo aus er nun auf den schlafenden Willen der Menschen wirkt, der von Michael freigelassen wird. «Dasjenige, was als Wunschnatur zugrunde liegt dem Wollen, in das versucht fortwährend Ahriman hineinzubringen das persönliche Element des Menschen.»[97] In der unbewußten Willenssphäre wird dies «persönliche Element» zum Machtimpuls. Persönliche Machtenfaltung erzeugt in anderen Menschen Furcht. Die ahrimanische Macht ist auf Furcht gegründet. Michael aber will den Menschen Mut machen. Michael hat den Drachen besiegt: dies Bild bleibt Vorbild für den Menschen, damit auch er ihn, in seiner Doppelgestalt, überwinde im eigenen Wesen.

Luzifer hat die kosmische Intelligenz geraubt und will seine Beute als solche bewahren: einheitlich für alle Menschen. Durch Luzifer wurde der Mensch frei von göttlicher Führungsgewalt. Er käme aber in Selbständigkeit nicht zurück zu Gott, er bliebe, vergangenheitsorientiert, im Bereich Luzifers, wenn ihm nicht in Ahriman ein zweiter Gegner erwachsen wäre als Voraussetzung für den Weg der Mitte: damit er das trinitarische Prinzip, aus dem heraus und für das er veranlagt ist, in sich verwirklichen kann. So erweist sich Ahriman, zukunftsorientiert, als hilfreich im Kampf gegen Luzifer.

Der Blick auf die Geschichte der Menschheit zeigt Luzifers Wirken stärker in der Vergangenheit. Der eigentliche Gegner ist heute und künftig Ahriman. Und er ist der stärkere Gegner. Ahriman ist so stark, daß selbst Michael auf die Hilfe Luzifers angewiesen ist.[98] Luzifer hilft auch dem Menschen, wenn Ahriman jetzt seinerseits nach der durch Luzifer frei gewordenen kosmischen Intelligenz greift und versucht, sie noch tiefer herabzuzerren. Die kosmische Intelligenz wurde in alten Zeiten luziferisch, das heißt: innerlich-intellektuell; sie wird jetzt, mit Beginn der Neuzeit, vor allem aber seit dem 19. Jahrhundert, ahrimanisch, das heißt: gebunden an die Materie, an Maß, Zahl und Gewicht. Das ist der zweite, der schlimmere Raub, zugleich aber die Voraussetzung für ihre Rückführung durch den Menschen. ...«die ahrimanischen Wesen», schreibt Rudolf Steiner am 13. Oktober 1924, «...sind ganz dazu veranlagt, alles, was sich als Intelligenz von den Göttern loslöst, in sich aufzusaugen. Sie sind dazu veranlagt, die Summe aller Intellektualität mit ihrem eigenen Wesen zu vereinigen. Sie werden damit die größten, die umfassendsten und eindringlichsten Intelligenzen des Kosmos.»[99] Gegen die ahrimanische Intelligenz hilft Luzifer vor allem in seiner Rolle als Herr der Künste.

Ahriman und Christus

Die kosmische Intelligenz sinkt durch Ahriman in die «Unternatur» der Technik. Nur der Mensch ist imstande, sie ihm wieder zu entreißen und zurückzuführen ins Übersinnliche. Er kann es, weil er in der Ahriman-Sphäre den Christus findet.[100] Der Satz gilt auch in seiner Umkehrung: Nur über Ahriman findet der Mensch den Weg zu Christus. Das hat Rudolf Steiner im dritten Mysteriendrama «Der Hüter der Schwelle» am Beispiel des Malers Johannes Thomasius gezeigt.

Das Verhältnis zu Christus kann nur persönlich sein. Persönliche Intelligenz vermittelt aber ausschließlich Ahriman, indem er aus dem Reich der Materie auf den Willen wirkt. Wer ihn meidet, kann keine persönliche Intelligenz entfalten. Wer ihn nicht meidet, gerät in die Gefahr, ihm zu verfallen, das heißt: die Intelligenz persönlicher Willkür preiszugeben.

Die neuere Wissenschaft ist nur scheinbar unpersönlich und allgemeingültig. Die Umweltkatastrophen im 20. Jahrhundert haben die wissenschaftliche «Objektivität» als ahrimanische Täuschung entlarvt. Ahriman als Herr der Wissenschaft ist auch der Herr der Lüge und der

Täuschung. So schwankt die Menschheit heute zwischen luziferischem Einheitswahn und ahrimanischer Willkür, die sich gegenseitig steigern.

Ahrimanische Festigkeit hilft gegen luziferische Weltflucht. Luziferische Phantasie hilft gegen ahrimanische Verkrustung. Wenn aber der Einheitswahn in die Wissenschaft und die Willkür in die Kunst einziehen, triumphieren die Gegenmächte, und der Abgrund wächst.

Der Lügengeist, der auf den Willen wirkt, ist schwerer zu durchschauen als der Verführer zu Selbstseinsglück im reinen Denken; denn er trägt stets eine Maske. Er wirkt ja auch auf den Intellekt; aber über den unbewußten Willen. Willkür ist fehlgeleiteter Wille.

Darum blickt Michael so ernst auf die Stellung des Menschen zwischen Ahriman und Christus: «Michael sieht voraus, wie der Mensch, indem er immer mehr zum Eigengebrauch der Intelligenz vorrückt, sich mit den ahrimanischen Wesen begegnen muß, und wie er dann ihnen verfallen kann, indem er eine Verbindung mit ihnen eingeht.»[101] Er selbst möchte, «was sich da innerhalb der Menschheit als Intelligenz entwickelt, fortdauernd im Zusammenhange mit den göttlich-geistigen Wesen erhalten.» Er bleibt der Verwalter der Intelligenz, insoweit sie kosmisch orientiert ist, und weiß: «*für sich* wird er Ahriman immer unter seinen Füßen haben; ob aber auch für den Menschen?»

Das persönliche Element ist das Kennzeichen ahrimanischen Einflusses. Das persönliche Element ist aber auch die unabdingbare Voraussetzung für die Verbindung mit dem Christus. Persönliche Intelligenz, automatisch durch die Körperlichkeit wirkend, ohne inneren Enthusiasmus, kann ahrimanisch genannt werden[102]. Feurige Begeisterung ist Ahriman fremd. Begeisterung in der Erkenntnis macht den Weg der Anthroposophie zu einem persönlichen Weg zu Christus.

DER GRUNDSTEIN

Erkenne dich selbst
nach Geist, Seele und Leib.
                    Rudolf Steiner

Vom inneren Bauen

Der Gral ist ein Stein: der «vom Himmel gefallene Stein» – Grundstein einer neuen Menschengemeinschaft. Rudolf Steiner hat diesen Grundstein als Wahrspruchwort gestaltet. So kann er, in der Meditation, dem Himmel zurückgegeben werden.

Die Grundsteinlegung der Allgemeinen Anthroposophischen Gesellschaft durch Rudolf Steiner erfolgte am 25. Dezember 1923 um 10 Uhr morgens in der Schreinerei, einem «Holzverschlag», unmittelbar neben dem abgebrannten Goetheanum.[103]

Schon der Name Dornach, dann der «Holzverschlag» und der Weihnachtsmorgen: die äußere Situation deutet auf ein neues Weihnachts- und Christusmysterium. Der Grundstein ist kein Stein, einmalig versenkt zur Errichtung eines äußeren Baues. Der äußere Bau war abgebrannt. Nun gilt es, einen inneren Bau zu errichten. Darum ist der Grundstein ein Meditationsspruch. Er wurde von Rudolf Steiner in die Herzen der Anwesenden versenkt am Weihnachtsmorgen 1923 und an den folgenden Vormittagen der Weihnachtstagung zur Begründung der Allgemeinen Anthroposophischen Gesellschaft und zugleich der Freien Hochschule für Geisteswissenschaft am Goetheanum, mit dem Ziel, «die denkbar größte Öffentlichkeit zu verbinden mit wahrster, innerlichster Esoterik.»[104] Dieser Bau existiert, insofern und solange der Grundstein meditiert wird, unabhängig von äußeren Gegebenheiten, immer und überall, wo der Grundstein in Menschenherzen lebt. In diesem Sinne schreibt Friedrich Hiebel: «Er ist, insoweit er leibbildend wird. Er wirkt, insofern er Geistgestalt gewinnt.»[105]

Menschenseele!
Du lebest in den Gliedern,
Die dich durch die Raumeswelt
In das Geistesmeereswesen tragen:
Übe *Geist-Erinnern*
In Seelentiefen,
Wo in waltendem
Weltenschöpfer-Sein
Das eigne Ich
Im Gottes-Ich
Erweset;
Und du wirst wahrhaft *leben*
Im Menschen-Welten-Wesen.

Denn es waltet der Vater-Geist der Höhen
In den Weltentiefen Sein-erzeugend:
Ihr Kräfte-Geister
Lasset aus den Höhen erklingen,
Was in den Tiefen das Echo findet;

Dieses spricht:
Aus dem Göttlichen weset die Menschheit.
Das hören die Geister in Ost, West, Nord, Süd:
Menschen mögen es hören.

Menschenseele!
Du lebest in dem Herzens-Lungen-Schlage,
Der dich durch den Zeitenrhythmus
In's eigne Seelenwesensfühlen leitet:
Übe *Geist-Besinnen*
Im Seelengleichgewichte,
Wo die wogenden
Welten-Werde-Taten
Das eigne Ich
Dem Welten-Ich
Vereinen;
Und du wirst wahrhaft *fühlen*
Im Menschen-Seelen-Wirken.

Denn es waltet der Christus-Wille im Umkreis
In den Weltenrhythmen Seelen-begnadend;
Ihr Lichtes-Geister
Lasset vom Osten befeuern,
Was durch den Westen sich formet;
Dieses spricht:
In dem Christus wird Leben der Tod.
Das hören die Geister in Ost, West, Nord, Süd:
Menschen mögen es hören.

Menschenseele!
Du lebest im ruhenden Haupte,
Das dir aus Ewigkeitsgründen
Die Weltgedanken erschließet:
Übe *Geist-Erschauen*
In Gedanken-Ruhe,
Wo die ew'gen Götterziele
Welten-Wesens-Licht
Dem eignen Ich
Zu freiem Wollen
Schenken;
Und du wirst wahrhaft *denken*
In Menschen-Geistes-Gründen.

Denn es walten des Geistes Weltgedanken
Im Weltenwesen Licht-erflehend:
Ihr Seelen-Geister
Lasset aus den Tiefen erbitten,
Was in den Höhen erhöret wird:
Dieses spricht:
In des Geistes Weltgedanken erwachet die Seele.
Das hören die Geister in Ost, West, Nord, Süd;
Menschen mögen es hören.

In der Zeiten Wende
Trat das Welten-Geistes-Licht
In den irdischen Wesensstrom;
Nacht-Dunkel

Hatte ausgewaltet;
Taghelles Licht
Erstrahlte in Menschenseelen;
Licht,
Das erwärmet
Die armen Hirtenherzen;
Licht,
Das erleuchtet
Die weisen Königshäupter.

Göttliches Licht,
Christus-Sonne
Erwärme
Unsere Herzen;
Erleuchte
Unsere Häupter;
Daß gut werde,
Was wir
Aus Herzen gründen,
Was wir
Aus Häuptern führen
Wollen.

Der Grundstein erneuert das alte Mysterienwort: «Erkenne dich selbst.»[106] Die Erneuerung besteht zunächst darin, daß die Selbsterkenntnis in der Gemeinschaft erfolgt: am Geistesstreben des andern, der mit dem Selbst in der Allgemeinen Anthroposophischen Gesellschaft verbunden ist. Der Grundstein verbindet.

Der Grundstein spricht. Er spricht zur Menschenseele, und die Menschenseele antwortet. Der Grundstein wendet sich an die Seele und an die hierarchischen Wesenheiten im Umkreis unter Führung des Christus. Und die Seele wendet sich an die Christussonne als ihr wahres Ich-bin.

Der Grundstein erneuert das Mysterienwort aber auch so, daß sich die Seele dreigliedrig erleben kann. Sie hört das Wort in der Ergänzung: «Erkenne dich selbst nach Geist, Seele und Leib.»[107]

Die Menschenseele wird angerufen, dreifach als im Leibe lebend, in sich selbst und in dem, was sie werden soll: dreifach im Leibe als «in den Gliedern», im «Herzens-Lungen-Schlage» und «im ruhenden Haupte»; dreifach in sich selbst als Wollen, Fühlen und Denken; und dreifach auch in der Hinwendung zum Geiste, in dem sie wahrhaft leben, fühlen und denken wird. Aus der göttlichen Urdrei entsteht dann die menschliche Vierheit:

Der Geist hat sich nach außen gewendet und wurde Leib.

Der Geist hat sich mit dem veräußerten Leibe verbunden und wurde Seele.

Der allgemeine Geist wird in der Seele individuell.

In der Individuation kommt er zu sich selber und wird frei.

Die Einheit zerfiel. Die Zwei waltet in den Doppelstrophen. Aber sowohl mikrokosmisch wie makrokosmisch zeigt sich die Drei, die in Verbindung mit der wahren Eins zur Vier wird.

Anruf der Seele

Die Seele lebt in den *Gliedern*. Da waltet der Wille unbewußt. Die Glieder tragen uns durch den Raum, durch die Welt der Dinge, und aus der Raumeswelt hinaus ins Zukünftige des Geistes. Darum bedarf die Seele der Übung im «Geist-Erinnern». Denn die gewöhnliche Erinnerung haftet an den Gegenständen der Raumeswelt. Geist-Erinnern führt das eigene Ich, das irdisch erwacht, zum Gottes-Ich, aus dem alles entstanden ist. Das bedeutet: Die Zukunft des Geistes ist gebunden an den Seinsgrund des Vaters.

So führt die erste Strophe des Grundsteins vom gewöhnlichen, unbewußten Leben in den Gliedern durch Übung im Geist-Erinnern zum wahrhaften Leben im *«Menschen-Welten-Wesen»*. Dabei erlebt sich das Ich als eins mit dem Gottes-Ich in der Intuition. Das wahrhafte Leben ist Intuition: Leben in Gott.

Die fühlende Seele lebt im rhythmischen System von Blutkreislauf und Atmung. Bewußtsein dämmert auf. Die Seele erfühlt im *«Herzens-Lungen-Schlage»* die Zeit und im Zeitenrhythmus das eigene Selbst. Das Selbsterleben in der Zeit bedarf der Übung im «Geist-Besinnen», denn die gewöhnliche Besinnung heftet die Begriffe ans Vergängliche. Nur im Geist-Besinnen kann sich die Seele im Gleichgewicht halten und das solchermaßen seelisch erwachende Ich im Tatenzusammenhang dem Welten-Ich vereint werden. Das bedingt die Gegenwart des Sohnes.

So führt der Grundstein im zweiten Seelenanruf vom gewöhnlichen halbbewußten Fühlen im rhythmischen System von Herz und Lunge durch Übung im Geist-Besinnen zum wahrhaften Fühlen im *«Menschen-Seelen-Wirken»*. Dabei wird das Ich inspiriert vom Welten-Ich. Wahrhaftes Fühlen ist Inspiration.

Die denkende Seele lebt im *«ruhenden Haupte»*. Hell wach ist sie im Erschließen der Weltgedanken – über Raum und Zeit hinaus – der Ewigkeit verbunden. Das Gedanken-Denken bedarf der Übung im Geist-Erschauen, denn im gewöhnlichen Bewußtsein bildet es nur blasse Vorstellungen. Nur im Geist-Erschauen kann das Ich frei wollend Götterziele verwirklichen, so daß die Vergangenheit in der Zukunft des Geistes aufersteht.

Der dritte Seelenanruf führt vom gewöhnlichen bewußten Gedanken-Haben im Nervensinnessystem des Kopfes durch Übung im Geist-Erschauen zum wahrhaften Denken, das den Menschen als Imaginieren des eigenen, göttlichen Ich offenbart, in *«Menschen-Geistes-Gründen»*. Wahrhaftes Denken ist Imaginieren.

Wenn uns der unbewußte Wille über die Glieder ins Künftige trägt, bedürfen wir der Übung im *Geist-Erinnern*. Denn «das Künftige ruhe auf Vergangenem».[107a]

138

So wird die Seele aufgerufen: «Übe *Geist-Erinnern*». Damit sie sich nicht ins «eigne Seelenwesensfühlen» verliert, wird die Seele im Zeitenrhythmus des «Herzens-Lungen-Schlages» aufgerufen: «Übe *Geist-Besinnen*». Und wo die Weltgedanken aus Ewigkeitsgründen im ruhenden Haupte erschlossen werden, heißt der Anruf: «Übe *Geist-Erschauen*».

Das Geist-Erinnern erfolgt *«in Seelentiefen»*, das Geist-Besinnen *«im Seelengleichgewichte»*, das Geist-Erschauen *«in Gedanken-Ruhe»*. So wird die Urdrei seelisch erlebt. Solche Seelenübung führt zu Geisterkenntnis.

Das Erinnern führt zum *«Weltenschöpfer-Sein»*, zur Welt des Vaters. Das Besinnen führt zu den *«Welten-Werde-Taten»* des Sohnes. Und das Erschauen bringt das *«Welten-Wesens-Licht»* des Heiligen Geistes. *Das Sein wird Licht*. Es hellt sich auf im Dreischritt.

In den Tiefen des Willens erwest das Ich im *Gottes-Ich*. Im Seelengleichgewicht des Fühlens wird das Ich dem *Welten-Ich* vereint. In Gedankenruhe kommt das Ich zu sich selber, zu *freiem Wollen:*

 Gottes-Ich, Welten-Ich, Ich-im-Ich.

Im Gottes-Ich *erwest* das Ich, dem Welten-Ich wird es *vereint,* im freien Wollen wird ihm Licht als *Geschenk.*

Der im Geist-Erinnern geübte Wille wird zu *Intuition:*

Und du wirst wahrhaft *leben*
Im Menschen-Welten-Wesen.

Das im Geist-Besinnen geübte Gefühl wird *Inspiration:*

Und du wirst wahrhaft *fühlen*
Im Menschen-Seelen-Wirken.

Das im Geist-Erschauen geübte Denken wird *Imagination:*

Und du wirst wahrhaft *denken*
In Menschen-Geistes-Gründen.

So wird die Urdrei geistig erfahren: in der Intuition der Vater, in der Inspiration der Sohn, in der Imagination der Geist. Das ist – einsetzend im Willen – der kosmische Aspekt der Selbsterkenntnis. Der Übende beginnt gleichwohl mit der Spiritualisierung des Denkens. Er *denkt* die Herkunft: Vater, Sohn, Geist. Für den menschlichen Aspekt steht also der Geist am Anfang: das Denken, in dem sich der Geist in der Seele zunächst offenbart. Die Vereinigung mit dem Vater bildet das Ziel. Darum betont Rudolf Steiner: «Erkenne dich selbst nach Geist, Seele und Leib.» Der Weg der Gottheit führt über die Stufenfolge Intuition, Inspiration, Imagination. Der anthroposophische Weg führt vom gewöhnlichen Bewußtsein ausgehend über Imagination und Inspiration zur Intuition.

Die Seele lebt wollend im Stoffwechsel-Gliedmaßen-System des Leibes. *Wahrhaft leben* wird sie erst, wenn sie

Geist-Erinnern übt und so Intuition ausbildet: als *«Menschen-Welten-Wesen».*

Die Seele lebt fühlend im rhythmischen System des Leibes: *Wahrhaft fühlen* wird sie erst, wenn sie Gefühle durch Geist-Besinnen läutert zur Inspiration: *«Im Menschen-Seelen-Wirken.»*

Die Seele lebt denkend in der Nerven-Sinnes-Organisation des Leibes. *Wahrhaft denken* wird sie erst, wenn sie Geist-Erschauen übt: als Imagination, *«in Menschen-Geistes-Gründen.»* Geist-Erschauen *gründet:* als Imagination. Geist-Besinnen *wirkt:* als Inspiration. Geist-Erinnern *lebt:* als Intuition.

So übend weiß sich die Seele in der Einheit mit der *Welt*, mit sich *selbst*, mit dem *Geist.* In der Intuition lebt die Seele in der Einheit von Mensch und Welt: *wesenhaft.* In der Inspiration fühlt sie die Einheit mit sich selbst: als *wirkende.* Imaginierend denkt sie die Einheit von Mensch und Geist: im *Grunde.*

Anruf der Hierarchien

Dreifach wird die Seele angerufen, dreifach auch die geistige Welt. Die drei Strophen sind zweigeteilt: Mikrokosmos und Makrokosmos. Die Seelen-Strophe hat jeweils dreizehn Zeilen, die kosmische Strophe jeweils neun Zeilen. Der Seelen-Anruf ist dreigliedrig: er sagt, wie die Seele im Leibe lebt, fühlt, denkt; und wie sie üben soll, um dann wahrhaft zu leben, zu fühlen und zu denken. Der Anruf der Hierarchien ist nun viergliedrig und ist mit dem Seelen-Anruf jeweils durch ein begründendes «denn» verbunden:

Denn es waltet der Vater-Geist der Höhen...
Denn es waltet der Christus-Wille im Umkreis...
Denn es walten des Geistes-Weltgedanken...

Das Walten der Trinität – Vater, Sohn, Geist – ist der Grund für das Werden der Seele zum wahren Ich-bin.

Der *Vater* waltet in den Höhen als Geist, der *Christus* im Umkreis als Wille, der *Geist* in der Welt als Gedanke.

Der Vater erzeugt in den Tiefen das Sein: das *Sein* der Welt. Der Christus bringt das Sein rhythmisch ins Werden: *Gnade* für die Seele. Der Geist erfleht *Licht* für das Weltenwesen, das in seinen Tiefen dunkelt.

Weltentiefen, Weltenrhythmen, Weltenwesen – Die Seele entsteht aus der Mitte, getragen vom Christus-Willen:

Denn es waltet der Vater-Geist der Höhen
In den Weltentiefen Sein-erzeugend:

Denn es waltet der Christus-Wille im Umkreis
In den Weltenrhythmen Seelen-begnadend:

Denn es walten des Geistes-Weltgedanken
Im Weltenwesen Licht – erflehend:

Und wie im ersten Teil die Seele, so werden nun die Geister unmittelbar angesprochen: *«Ihr Kräfte-Geister ... Ihr Lichtes-Geister ... Ihr Seelen-Geister».* Am 29. Dezember 1923 hat Rudolf Steiner ihre traditionellen Namen genannt: Seraphim, Cherubim, Throne als Kräfte-Geister der ersten Hierarchie; Kyriotetes, Dynamis, Exusiai als Lichtes-Geister der zweiten Hierarchie; Archai, Archangeloi, Angeloi als Seelen-Geister der dritten Hierarchie.[108] Sie werden ihrem Wesen entsprechend unterschiedlich angesprochen:

Ihr Kräfte-Geister
Lasset aus den Höhen erklingen,
Was in den Tiefen das Echo findet;

Ihr Lichtes-Geister
Lasset vom Osten befeuern,
Was durch den Westen sich formet;

Ihr Seelen-Geister
Lasset aus den Tiefen erbitten,
Was in den Höhen erhöret wird:

Wenn die erste Hierarchie aus den Höhen erklingen läßt, *«was in den Tiefen das Echo findet»,* und die dritte Hierarchie aus den Tiefen erbitten läßt, *«was in den Höhen erhöret wird»,* entsteht eine kosmische Vertikale vom Menschen zur göttlichen Trinität. Und wenn die zweite Hierarchie *«vom Osten befeuern läßt, was durch den*

143

Westen sich formet», entsteht die menschheitliche Horizontale; zusammen dann das Welten-Kreuz, an das die Weltenseele geheftet ist. Dessen eingedenk, darf die Seele sprechen, was die Hierarchien sprechen:

> Ex Deo nascimur.
> In Christo morimur.
> Per spiritum sanctum reviviscimus.

> Aus dem Göttlichen weset die Menschheit
> In dem Christus wird Leben der Tod.
> In des Geistes Weltgedanken erwachet die Seele.

Das ist der dritte Teil der kosmischen Strophe: objetive Aussage der geistigen Welt als Antwort auf das «Erkenne dich selbst in der Ur-Drei». Im vierten Teil werden die Elementargeister der Erde und der Mensch einbezogen, gleichlautend für alle drei Strophen:

> Das hören die Geister in Ost, West, Nord, Süd:
> Menschen mögen es hören.

Die Geister hören. Ob die Menschen den geistigen Anspruch hören, hängt von ihnen selbst ab, von ihrem Übungsweg, der zu Geist-Erinnern, Geist-Besinnen, Geist-Erschauen führt. Geist-Erinnern führt in die Gegenwart der Vergangenheit des Vaters, Geist-Besinnen in die Gegenwart des Sohnes, Geist-Erschauen in die Gegenwart der Zukunft des Geistes. Die anthroposophischrosenkreuzerische Initiation, wie sie Rudolf Steiner vertritt, betont die Gegenwart des Geist-Prinzips: «In des Geistes Weltgedanken erwachet die Seele». Das meint nicht nur das Ende, sondern zugleich den Anfang des Weges.

Am Anfang war der Geist als Vater. Willentlich entfaltet er sich im Sohn. Und so walten dann «des Geistes Weltgedanken», die die Seele – in jeweils neuem Anfang – aufnimmt.

Das vierte Prinzip

Wenn die Menschen das dreigliedrige «Wort der Kraft» hören, das zuerst Christian Rosenkreutz formuliert hat – und sie hören es nur auf dem Übungsweg, im Vollzug –, dann wird die Ur-Drei des kosmischen Weltenwerdens zur Vier im wahren Menschsein. Das Ich erlebt in der Seele die Dreiheit in der Einheit und so das vierte Prinzip als Sinn und Ziel der Evolution.[109] Entsprechend zeigen die drei Doppelstrophen auch in ihrem Aufbau den Schritt von der Drei zur Vier. So vorbereitet folgt die vierte Doppelstrophe, die den Einzug des Christusprinzips zunächst im Erdenwerden und dann im zweiten Teil auch in der Menschenseele zum Ausdruck bringt.

In der Seele waltet die Ur-Drei als Denken, Fühlen und Wollen. Die drei Seelenkräfte sind kosmischer Herkunft und einfach da. Sie sind gegeben durch die Hierarchien. Das vierte Prinzip ist durch das Weihnachtsmysterium – Geburt und Taufe – auch kosmisch veranlagt, aber nicht gegeben. Jedes einzelne Ich muß das Veranlagte in der Seele selbst verwirklichen. Das Ich ergreift zunächst das Denken. Dadurch wandelt sich dieses vom gewöhnlichen «Gedanken-haben» zu einem Denken, das Rudolf Steiner in der «Philosophie der Freiheit» als «Kraft der Liebe in geistiger Art» bezeichnet.[110] Und auf dem weiteren Weg werden auch Fühlen und Wollen zu «Kräften der Liebe in geistiger Art». Die Liebe ist die Mission der Erde, das «Amen des Universums», wie Novalis sagt.[111] Sie ist das vierte Prinzip in der Seele, das Wollen, Fühlen und Denken überhöht in Geist-Erinnern, Geist-Besinnen, Geist-Erschauen.

Das vierte Prinzip in der Seele ist die Liebe. Sein kosmischer Ursprung aber ist Licht. *Licht wird Liebe.* Das ist die Mission der Erde, das ist ihr geistiger Grundstein und zugleich der Grundstein der Anthroposophischen Gesellschaft.

Das vierte Prinzip trat in der Zeitenwende in die Erscheinung, «in den irdischen Wesensstrom»: als «Welten-Geistes-Licht» und zugleich als «taghelles Licht», das in Menschenseelen erstrahlte; als Licht, das die Herzen der Hirten erwärmte, und als Licht, das die Häupter der Könige erleuchtete:

In der Zeiten-Wende
Trat das Welten-Geistes-Licht
In den irdischen Wesensstrom;
Nacht-Dunkel
Hatte ausgewaltet;
Taghelles Licht
Erstrahlte in Menschenseelen;
Licht,
Das erwärmet
Die armen Hirtenherzen;
Licht,
Das erleuchtet
Die weisen Königshäupter.

Viermal wird das Licht genannt, das in der Zeitenwende auf Erden und in Menschenseelen die Dunkelheit aufhellte. Im zweiten Teil der abschließenden Doppelstrophe wird es ein fünftes Mal genannt, nun als Anruf in Bezug auf das Wir derer, die zu Weihnachten 1923 versammelt waren in jenem Holzverschlag angesichts der Trümmer des abgebrannten Goetheanum, und auf das Wir derer, die – wann immer – den Grundstein denken, ein Wir, das die Hirtenherzen und die Königshäupter einschließt:[112]

Göttliches Licht,
Christus-Sonne
Erwärme
Unsere Herzen;
Erleuchte

Unsere Häupter;
Daß gut werde,
Was wir
Aus Herzen gründen,
Was wir
Aus Häuptern führen
Wollen.

Damit ist eine zwölffache Bitte formuliert, auf die es nur eine Antwort gibt: Liebe. Darum nennt Rudolf Steiner diesen mantrischen Grundstein einen dodekaedrischen Liebesstein. Dreimal wird die einzelne Menschenseele angerufen:

Übe *Geist-Erinnern*
Übe *Geist-Besinnen*
Übe *Geist-Erschauen*

Dreimal werden die Hierarchien angerufen:

Ihr Kräfte-Geister
Lasset aus den Höhen erklingen,
Was in den Tiefen das Echo findet;

Ihr Lichtes-Geister
Lasset vom Osten befeuern,
Was durch den Westen sich formet;

Ihr Seelen-Geister
Lasset aus den Tiefen erbitten,
Was in den Höhen erhöret wird:

Dreimal wird die Menschengemeinschaft angerufen:

Menschen mögen es hören.

Und dreimal die Christus-Sonne:

> Erwärme
> Unsere Herzen;
> Erleuchte
> Unsere Häupter;
> Daß gut werde,

wobei die dritte und insgesamt zwölfte Bitte auch wieder die Seele selbst meint in der Gemeinschaft mit andern. Wenn das Licht der Christus-Sonne die Herzen erwärmt und die Häupter erleuchtet, wird die Seele von sich aus das Gute wollen und dadurch wahrhaft frei werden. Das in die Seele dreifach einziehende Licht der Christus-Sonne wird zum Liebesimpuls, der von innen wieder dreifach nach außen wirkt, im Denken, im Fühlen, im Wollen:

> Daß gut werde,
> Was wir
> Aus Herzen gründen,
> Was wir
> Aus Häuptern führen
> Wollen.

Das fünffach erstrahlende Licht läßt den mantrischen Dodekaeder erstrahlen als Liebesstein. «Daß gut werde», daß wir «den Geist, der da waltet im leuchtenden Gedankenlichte um den dodekaedrischen Liebesstein, hinaustragen in die Welt, da, wo er leuchten und wärmen soll für den Fortschritt der Menschenseelen, für den Fortschritt der Welt»:[113] daß Licht zu Liebe werde *in uns* – im erneuerten Gralsmysterium.

Nachwort

Gegen Ende seines Buches «Die Geheimwissenschaft im Umriß» bezeichnet Rudolf Steiner die Anthroposophie, «die Erkenntnis der neuen Einweihung mit dem Christus-Geheimnis in der Mitte», als «Erkenntnis vom Gral».[114]

Der Weg der Anthroposophie ist ein meditativer Erkenntnisweg, der mit der Erkraftung und Belebung des Denkens einsetzt und ein «fühlendes und wollendes Verhältnis zur Welt» begründet, in dem Geschichte «erinnert» werden kann. Der Sturz des Drachen durch den Erzengel Michael ist seine kosmische Voraussetzung.

Anthroposophie als Gralswissenschaft führt zur Erinnerung der Geschichte als Grundlage der Karmaforschung: Naturerkenntnis führt zum Sein im Vater, Geschichtserkenntnis zum Werden in Christus.[115]

Auf diesem Wege kann sich, wenn auch noch so anfänglich, ereignen, was Rudolf Steiner als «kosmischen Kultus» beschrieben hat. Im «kosmischen Kultus» wird die Welt zum Tempel, kommunizierend mit dem Tempel des Leibes.

Im Lauf der Geschichte wurde der Tempel zerstört.

Seit Golgatha kann mit dem Wiederaufbau begonnen werden – und immer nur auf Erden. Rudolf Steiner prägte die Grundstein-Meditation: Sie enthält Geburtskraft der Geistleiblichkeit. In ihr eröffnet sich dem Meditierenden der Karma-Bereich des Mitmenschlichen, Selbsterkenntnis in der Gemeinschaft.

Wenn das einzelne Ich sich weder luziferisch in die geistige Welt erhebt, noch ahrimanisch ans Untersinnliche bindet, sondern – dem weisenden Blick Michaels folgend – in Erkenntnisfeier am Tempel baut, bereitet es die Begegnung mit dem ursprünglichen Baumeister vor, den Rudolf Steiner als «Herrn des Karma» bezeichnet hat. Das begründet den Ausdruck «Gralswissenschaft».

Anmerkungen

Der Weg der Anthroposophie

Leitworte: 1. Satz aus der Scholastik des Mittelalters. 2. Rudolf Steiner: Philosophie und Anthroposophie, GA 35. 1. Aufl. Dornach 1965, S. 102.

1   R. Steiner: Goethes Naturwissenschaftliche Schriften. Dornach 1926, S. 93. Auch in: Mein Lebensgang. 6A 28. 7. Aufl. Dornach 1962, S. 165.

2   Noch 1924 heißt es lapidar: «In Wahrheit ist die Sinneswelt also geistige Welt...» Mein Lebensgang. GA 28, a.a.O., S. 245.

3   R. Steiner: Die Philosophie der Freiheit – Grundzüge einer modernen Weltanschauung 1894. Stuttgart 1949, GA 4. 14. Aufl. Dornach 1978, S. 204.

4   R. Steiner: Anthroposophische Leitsätze (1924/25). Dornach 1954, S. 46.

5   Vgl. das Kapitel «Von der Bedeutung des Mineralreichs...»

6   R. Steiner: Mein Lebensgang (1924/25). GA 28, a.a.O., S. 323f. Der Ausdruck «begrifflich» steht hier – umgangssprachlich – für den Umriß einer Vorstellung. Im Sprachgebrauch der «Philosophie der Freiheit» wird der Begriff nicht durchSinneswahrnehmung gewonnen, wohl aber die Vorstellung, die Steiner als «bestimmte(n), auf die Wahrnehmung deutende(n) Begriff» bezeichnet. (Steiner: Die Philosophie der Freiheit, a.a.O., S. 107).

7   R. Steiner: Die Ergänzung heutiger Wissenschaften durch Anthroposophie. Vortrag vom 8. Oktober 1918. GA 73. 1. Aufl. Dornach 1973, S. 228.

8   René Descartes: Abhandlung über die Methode des richtigen Vernunftgebrauchs und der wissenschaftlichen Wahrheitsforschung, deutsch von Kuno Fischer. Stuttgart 1975, S. 32. – Vgl. M. Krüger: Descartes und die Rosenkreuzer II, Die Geburt der Bewußtseinsseele, in: Das Goetheanum, 64. Jg., Nr. 44, S. 330 ff.

9   R. Steiner: Die Philosophie der Freiheit, a.a.O., S. 146 f.

10 Siehe H. H. Schöffler: Die Psychologie des Aristoteles, in: Schöffler: Die Akademie von Gondischapur. Stuttgart. 2. verb. Aufl. 1980, S. 18 ff. und B. Wulf: Goethe und Hegel. Zürich 1985, S. 345 ff.

11a Martin Heidegger: Unterwegs zur Sprache. Pfullingen 1959, S. 173.
11b R. Steiner: Die Philosophie der Freiheit, a.a.O., S. 148.
12   Homer: Odyssee. «Suche mich nicht über den Tod zu trösten, strahlender Odysseus! Wollte ich doch lieber als Ackerknecht Lohndienste bei einem anderen, einem Manne ohne Landlos leisten, der
     nicht viel Lebensgut besitzt, als über alle dahingeschwundenen Toten Herr sein!» übersetzt v. W. Schadewalt. Hamburg 1958, S. 151.
13   Dieser Weg ist von R. Steiner vielfältig ausgebaut worden in seinen
     Forschungen über das Mysterium von Golgatha. – Siehe auch M.
     Krüger: Tugendlehre und Erkenntnisregeln. Dornach 1978.
14   R. Steiner: Anthroposophische Leitsätze. Dornach 1954, S. 66.

Gralswissenschaft

Leitwort: Wolfram von Eschenbach: Parzival. München 1950, S. 242.
15   Christian Morgenstern: Wir fanden einen Pfad. München 1956, S.
     53. – Vgl. M. Krüger: Bilder und Gegenbilder – Versuch über moderne Literatur. Stuttgart 1978, S. 76 f.
16   Vgl. M. Krüger: Meditation – Erkenntnis als Kunst. Stuttgart 1983,
     S. 20–27.
17   Vgl. R. Steiner: Gnosis und Anthroposophie, in: R. Steiner:
     Anthroposophische Leitsätze. Dornach 1954, S. 274.
18   R. Steiner: Von Jesus zu Christus, 9. Vortrag, Karlsruhe, 13. Oktober 1911. GA 131. 5. Aufl. Dornach 1974, S. 190 ff.
19   R. Steiner: Anthroposophische Leitsätze, a.a.O., S. 273, 275 f.
20   Anselm von Canterbury: Monologion. Proslogion. Köln 1966, S.
     203.
21   R. Steiner: Anthroposophische Leitsätze, a.a.O., S. 276 f.
22   Ebenda, S. 277.
23   Robert de Boron: Die Geschichte des Heiligen Gral. Stuttgart 1958,
     S. 23.
24   Vgl. hier und im Folgenden: Parzival, von Wolfram von Eschenbach, in Prosa übertragen von Wilhelm Stapel. München 1950, S.
     241 f.
25   Wolfram, a.a.O., S. 234.
26   R. Steiner: Anthroposophische Leitsätze, a.a.O., S. 277.
27   R. Steiner: Die Mysterien des Morgenlandes und des Christentums.
     Vierter Vortrag. Berlin, 6. Februar 1913. GA 144. 3. Aufl. Dornach
     1960.
28   Vgl. R. Steiner: Leitsatzbetrachtung vom 6. Dezember 1924. In: Anthroposophische Leitsätze, a.a.O., S. 207 ff.
29   R. Steiner: Von Jesus zu Christus, a.a.O., S. 204.
30   R. Steiner: Das Verhältnis der Sternenwelt zum Menschen und des
     Menschen zur Sternenwelt. Die geistige Kommunion der Menschheit. GA 219. 4. Aufl. Dornach 1976. S. 191.
31   R. Steiner: Wahrspruchworte, GA 40; Der Jahreskreislauf als At-

154

mungsvorgang der Erde und die vier großen Festeszeiten, GA 223;
Die menschliche Seele in ihrem Zusammenhang mit göttlich-
geistigen Individualitäten: Die Verinnerlichung der Jahresfeste, GA
224; Das Miterleben des Jahreslaufes in vier kosmischen Imaginationen, GA 229.
Vgl. S. Prokofieff: Der Jahreskreislauf als Einweihungsweg zum Erleben der Christuswesenheit. Stuttgart 1986.

32 Vgl. auch G. Kühlewind über Geisteswissenschaft und Christen-
tum, in: G. Kühlewind: Die Wahrheit tun. Stuttgart 1978. S. 174 ff.

33 Vgl. M. Krüger: Der Weg der Seele zur Geistwirklichkeit – Anselm
von Canterbury und René Descartes, in: Das Goetheanum, 55. Jg.,
Nr. 17, 1976.

34 Vgl. E. Meffert: Nikolaus von Kues. Stuttgart 1982.

35 R. Steiner: Das Verhältnis der Sternenwelt zum Menschen und des
Menschen zur Sternenwelt, a.a.O., S. 191.

36 Vgl. hierzu E. Meffert: Nikolaus von Kues, Kapitel: Die vier Erkenntnisstufen und ihr Bezug zum Kultus, a.a.O., S. 232 ff. und J.
Smit: Geistesschulung und Lebenspraxis. Dornach 1987, S. 77 ff.

37 Diese Erhebung ist zunächst, im Zeitalter der Bewußtseinsseele,
der Schritt vom abstrakten zum meditativen Denken, das auf einer
ersten Stufe lebendige Bildqualität erreicht, die den «beweglichen
Sinn» mantrischer Formulierung erschließt. Die «Umkehrung» bezieht sich also nicht auf die Stufenfolge, sondern auf die innere Hal-
tung des suchenden Menschen. Nur die göttlich-geistigen Wesenheiten, die dann ihrerseits mit dem Menschen kommunizieren,
erleben die Stufenfolge in der Umkehrung.
Der Beginn des neuzeitlichen Erkenntnisweges ist zwar die *Intuition*: «Ich bin im Denken». Diese Intuition erfolgt aber im gewöhnlichen Bewußtsein. Die Erweiterung des Bewußtseins geschieht in
den Stufen: Imagination (Opfer), Inspiration (Wandlung), Intuition
(Kommunion).

38 Wolfram von Eschenbach, a.a.O., S. 240.

39 R. Steiner: Das Geheimnis der Trinität. Erster Vortrag, Dornach,
23. Juli 1922. GA 214. 2. Aufl. Dornach 1980, S. 21. – Vgl. auch R.
Meyer: Der Gral und seine Hüter. Stuttgart 1956.

40 R. Steiner: Vortrag vom 31.12.1922, in: Das Verhältnis der Sternenwelt zum Menschen und des Menschen zur Sternenwelt. GA 219, 3.
Aufl. Dornach 1976, S. 194.

Geschichte der Erinnerung – Erinnerung der Geschichte

Leitwort: R. Steiner: Vorstufen zum Mysterium von Golgatha. GA 152.
2. Aufl. Dornach 1980, S. 116 f.

41 R. Steiner: Die Weltgeschichte in anthroposophischer Beleuchtung
und als Grundlage der Erkenntnis des Menschengeistes. GA 233.
4. Aufl. Dornach 1980.

42 R. Steiner: Anthroposophische Leitsätze, Dornach 1954, S. 287. –
    Die Steinsetzungen der Megalithkultur (beginnend um 3000 v. Chr.)
    sind ein später Ausdruck für «lokalisierte Erinnerung». Vorzugswei-
    se wurde in den Menschen der Megalithkultur aber die «rhythmisier-
    te Erinnerung» in Sprache, Musik und Tanz ausgebildet (vgl. F.
    Teichmann: Der Mensch und sein Tempel – Megalithkultur. Stutt-
    gart 1983).
43 E. Staiger: Grundbegriffe der Poetik. Zürich 1961, S. 62.
44 Staiger, a.a.O., S. 27.
45 R. Steiner, Wahrspruchworte. GA 40. 2. Aufl. Dornach 1969. S. 51–
    56.
46 Selbstverständlich entwickeln sich Engel wie alle Wesen und «ler-
    nen» entsprechend. Hier ist jedoch die spezifisch menschliche
    Lernfähigkeit gemeint.
47 Karl-Martin Dietz: Erinnerung und Wissen, in: Die Drei, 46. Jg.,
    Stuttgart 1976, S. 666–677.
48 Homer: Ilias, Vers 484 ff., übersetzt von Johann Heinrich Voss.
49 René Descartes: Abhandlung über die Methode des richtigen Ver-
    nunftgebrauchs und der wissenschaftlichen Wahrheitsforschung, 4.
    Kapitel.
50 R. Steiner: Die Prüfung der Seele, I. Bild, in: Vier Mysteriendra-
    men. GA 14. 3. Aufl. Dornach 1962, S. 152.
51 R. Steiner: Anthroposophie, eine Einführung in die anthroposophi-
    sche Weltanschauung. Vierter Vortrag. Dornach, 1. Februar 1924.
    GA 234, 4. Aufl. Dornach 1974, S. 66.
52 Schelling: System des transzendentalen Idealismus (1800) – vgl. M.
    Krüger: Literatur und Geschichte, 1. Kapitel, Stuttgart 1982, S. 9 f.
53 R. Steiner: Mysteriengestaltungen. Erster Vortrag. Dornach, 23.
    November 1923. GA 232. 3. Aufl. Dornach 1974, S. 12.
54 R. Steiner, a.a.O., S. 15.
55 R. Steiner, a.a.O., S. 14.
56 Marcel Proust: A la recherche du temps perdu, I, Du côté de chez
    Swann. Paris 1954 (Gallimard), S. 66.
57 R. Steiner: Mysteriengestaltungen, a.a.O., S. 15 f.
58 R. Steiner, a.a.O., S. 17.
59 R. Steiner: Vorstufen zum Mysterium von Golgatha, a.a.O., S. 118.

Zur Methode der Karma-Forschung

Leitwort: R. Steiner: Anthroposophische Leitsätze, a.a.O., S. 110 f.
60 Aischylos: Der gefesselte Prometheus, übersetzt von Johann Gu-
    stav Droysen.
61 R. Steiner: Die Geheimwissenschaft im Umriß. GA 13. 29. Aufl.
    Dornach 1977, S. 400.
62 R. Steiner, a.a.O., S. 397.

63 R. Steiner: Anthroposophische Leitsätze (Nr. 47), a.a.O., S. 100 f.
64 R. Steiner: Anthroposophie, a.a.O., Siebenter Vortrag, Dornach, 8. Februar 1924, S. 130.
65 R. Steiner: Der Seelen Erwachen, 2. Bild. In: Vier Mysteriendramen, a.a.O., S. 418, 423 f.
66 R. Steiner: Anthroposophie, eine Einführung, a.a.O., S. 158. – Siehe auch H. Poppelbaum: Studien über das Schicksal, auf Grund der «Leitsätze» Rudolf Steiners. 2. erw. Aufl., Dornach 1972.
67 R. Steiner: Wie erlangt man Erkenntnisse der höheren Welten? GA 10. 22. Aufl. Dornach 1975, S. 28.
68 Lessing: Die Erziehung des Menschengeschlechts, S. 99. Leipzig 1952, S. 484. – «Die Menschenseele erinnert sich nur deswegen noch nicht an ihre vergangenen Erdenleben, weil sie das Leben Jesu Christi noch nicht zu erinnern vermag, weil sie sich noch nicht ihres Logosalters denkend bewußt geworden ist.» (B. Wulf: Goethe und Hegel. Zürich 1985, S. 224).
69 R. Steiner: Theosophie. GA 9. 30. Aufl. Dornach 1978, S. 12. – Siehe auch Friedrich Hiebel: Selbständiges Studium der Anthroposophie als Keim eigenständiger Geistesforschung, in: Das Goetheanum, Dornach, 16. März 1980, S. 81 ff, und seine beispielhafte Schicksalsbetrachtung: Der Schutzgeist der Schicksalsforschung I–XXX, in: Das Goetheanum, 59. Jg., Dornach 1980.
70 R. Steiner: Anthroposophische Leitsätze, a.a.O., S. 140 f.
71 R. Steiner: Die Geheimwissenschaft im Umriß, a.a.O., S. 360.

Blick auf Ergebnisse der Karma-Forschung

Leitwort: R. Steiner: Theosophie. Stuttgart 1955, S. 86.
Rudolf Steiner hat im Jahre 1924 eine Fülle von Ergebnissen seiner Karmaforschung vorgetragen, die im Rahmen der Gesamtausgabe sechs Bände umfassen (GA 235–240). Im Zusammenhang dieses Buches kann es sich nur um wenige, aber grundlegende Hinweise handeln, die vor allem – unter dem Leitmotiv der Gralswissenschaft – die Methode der Schicksalsforschung und die Bedeutung des Mineralreichs verdeutlichen und den Leser zu weiteren Fragestellungen anregen mögen.
72 R. Steiner: Esoterische Betrachtungen karmischer Zusammenhänge. 6. Bd. GA 240. 3. Aufl. Dornach 1977.
73 R. Steiner: Esoterische Betrachtungen karmischer Zusammenhänge. 1. Bd. GA 235. 6. Aufl. Dornach 1975, S. 70.
74 Vgl. M. Krüger: Bilder und Gegenbilder – Versuch über moderne Literatur. Stuttgart 1978, S. 22 ff.
75 R. Steiner: Die Philosophie der Freiheit, a.a.O., S. 143.
76 R. Steiner: Die Geheimwissenschaft im Umriß, a.a.O., S. 416. – Im Vorangehenden wurde auf Schicksalsmetamorphosen *im Seelenleben* aufmerksam gemacht. Das Prinzip der Metamorphose im Bereich der *Leiblichkeit* hat Rudolf Steiner oft am Beispiel von Kopf

157

und Gliedmaßen erläutert. So führte er am 10. Mai 1924 in Dornach aus: «die physische Substanz trägt natürlich der Mensch nicht von einem Erdenleben ins andere herüber. Aber den Kräftezusammenhang, den ein Mensch in seinem Organismus hat außer dem Kopf, den trägt er durch das Leben zwischen dem Tod und einer neuen Geburt, und das wird der Kopf des nächsten Erdenlebens, während der Kopf des gegenwärtigen Erdenlebens sich aus dem Gliedmaßensystem und dem übrigen Organismus des vorigen Erdenlebens gebildet hat. So verwandelt sich immer [...] das Außerkopfliche von einem Erdenleben hinüber in den Kopf des anderen Erdenlebens. Und der Kopf ist immer das Ergebnis des Außerkopflichen vom vorigen Erdenleben. Das gilt nun für den ganzen Kräftezusammenhang in der Gliederung der menschlichen Wesenheit.» (Esoterische Betrachtungen karmischer Zusammenhänge, 2. Band. GA 236. 5. Aufl. Dornach 1977, S. 135 f.)

77 Johannes Scotus Eriugena: Über die Einteilung der Natur, übersetzt von Ludwig Noack. Hamburg 1983, S. 406.

78 Dionysius Areopagita: Die Hierarchien der Engel und die Kirche. München 1955. – Eine Einführung in die Hierarchienlehre enthält das Buch « Der Lebenslauf und seine Gesetze» von Diether Lauenstein. Stuttgart 1974. – angeloi sind göttliche Boten; archangeloi sind Volksgeister; archaí sind Urbeginne, Fürstentümer, Zeitgeister oder Geister der Persönlichkeit; exousíai sind Obrigkeiten, Offenbarer oder Geister der Form – ihr Führer ist der kýrios Christós; dynámeis sind Gewalten oder Geister der Bewegung; kyriótetes sind Herrschaften oder Geister der Weisheit; thrónoi sind Geister des Willens «und mit dem Mut erfüllt, der eine Welt vor dem Nichts begründet» (Lauenstein); Cherubim sind Geister der göttlichen Ordnung und Seraphim sind die Geister der Liebe. – Siehe auch R. Steiner: Die Geheimwissenschaft im Umriß, GA 13; Anthroposophische Leitsätze, GA 26; Geistige Hierarchien und ihre Widerspiegelung in der physischen Welt, GA 110; Die Mission einzelner Volksseelen im Zusammenhange mit der germanisch-nordischen Mythologie, GA 121; Die geistigen Wesenheiten in den Himmelskörpern und Naturreichen, GA 136.

79 R. Steiner: Esoterische Betrachtungen karmischer Zusammenhänge, 1. Band, a.a.O., S. 33 f., 36.

80 R. Steiner, a.a.O., S. 39.

81 R. Steiner, a.a.O., S. 47.

82 R. Steiner, ebenda.

Der Sturz des Drachen

Leitwort: R. Steiner: Anthroposophische Leitsätze, a.a.O., S. 129.

83 Siehe H. H. Schöffler (Hrsg.): Der Kampf um das Menschenbild. Das achte ökumenische Konzil von 869/870 und seine Folgen. Dor-

nach 1986. – Renate Riemeck: Glaube – Dogma – Macht. Geschichte der Konzilien. Stuttgart 1985. – Manfred Krüger: Für eine Ästhetik der Mitte. In: Das Goetheanum, Jg. 1988, Nr. 3, S. 13–15.

84 R. Steiner: Die Sendung Michaels. Die Offenbarung der eigentlichen Geheimnisse des Menschenwesens, Vorträge in Dornach, 21.11.– 15.12.1919. GA 194. 2. Aufl. Dornach 1977.

84a Siehe Stefan Leber: Soziale Dreigliederung und Michael-Fest. In: Mitteilungen aus der anthroposophischen Arbeit in Deutschland, 41. Jg., Heft 3, Stuttgart, Michaeli 1987, S. 179–192.

85 Aristoteles: Nikomachische Ehtik.

86 R. Steiner: Die Sendung Michaels, a.a.O., S. 34.

87 R. Steiner: Anthroposophische Leitsätze, a.a.O., S. 157. (»Die kosmische Intellektualität zu verwalten, ist sein Amt«).

88 R. Steiner: Die Sendung Michaels, a.a.O., S. 40 f. – An anderer Stelle formuliert Steiner: »der Drache ist eigentlich alles das, was einzieht in unsere sogenannte Vernunft, in unsere Intelligenz. Nicht in eine Hölle stürzt Michael seine gegnerischen Scharen, sondern in die menschlichen Köpfe hinein... Da lebt dieser luziferische Impuls weiter.« (S. 9 f.)

89 R. Steiner: Die Sendung Michaels, a.a.O., S. 36.

90 Lessing: Die Erziehung des Menschengeschlechts, § 36. «Die Offenbarung hatte seine Vernunft geleitet, und nun erhellte die Vernunft auf einmal seine Offenbarung.» (Werke, Bd. 3, Leipzig 1952, S. 473).

91 R. Steiner: Mysterienstätten des Mittelalters – Rosenkreuzertum und modernes Einweihungsprinzip. GA 233 a, Dornach 1962, S. 240.

92 R. Steiner: Anthroposophische Leitsätze, a.a.O., S. 128.

93 R. Steiner: Die Sendung Michaels, a.a.O., S. 38.

94 Descartes: Abhandlung über die Methode des richtigen Vernunftgebrauchs und der wissenschaftlichen Wahrheitsforschung. Stuttgart 1975, S. 3.

95 R. Steiner: Die Sendung Michaels, a.a.O., S. 48 f.

96 Siehe das erste Kapitel. Der Sturz des Drachen ist die kosmische Voraussetzung für den Weg der Anthroposophie.

97 R. Steiner: Die Sendung Michaels, a.a.O., S. 51. – Weitere Gesichtspunkte zum Sturz Ahrimans in: Die spirituellen Hintergründe der äußeren Welt. Der Sturz der Geister der Finsternis. GA 177. 3. Aufl. Dornach 1977.

98 R. Steiner am 3.8.1924: «Michael hat nötig luziferische Gestalten, die mitwirken, um den polarischen Gegensatz, um Ahriman zu überwinden.» Esoterische Betrachtungen karmischer Zusammenhänge. 3. Band. GA 237. 6. Aufl. Dornach 1975, S. 137.

99 R. Steiner: Anthroposophische Leitsätze, a.a.O., S. 156.

100 R. Steiner: Anthroposophische Leitsätze, a.a.O., S. 158.

101 R. Steiner: Anthroposophische Leitsätze, a.a.O., S. 156 ff.

159

102 Vgl. R. Steiner: Esoterische Betrachtungen karmischer Zusammen-
hänge 3. Band. A.a.O., S. 175. – Darum rief Rudolf Steiner jungen
Heilpädagogen zu: «Werden Sie doch Tänzer, in dem Sinne, wie es
bei Zarathustra gemeint ist! Leben Sie mit innerster Freude an der
Wahrheit! Es gibt ja nichts Entzückenderes als das Erleben der
Wahrheit! Das ist etwas, was eine viel wichtigere und wesentlichere
Esoterik ist als das, was mit den langen Gesichtern herumläuft.»
Dornach, 5. Juli 1924, in: Heilpädagogischer Kurs. GA 317. 6. Aufl.
Dornach 1979, S. 156 f.)

Der Grundstein

Leitwort: siehe Anm. 107.

103 Vgl. Rudolf Steiner: Die Weihnachtstagung zur Begründung der
Allgemeinen Anthroposophischen Gesellschaft 1923/24. Dornach
1963. «Wir mußten Sie einladen in diesen Holzverschlag» (S. 29).
– Weitere Literatur über den Grundstein: Friedrich Hiebel: Entscheidungzeit mit Rudolf Steiner. Dornach 1986. – F.W. Zeyl-
mans van Emmichoven: Der Grundstein. Stuttgart 1956. – Sergej
O. Prokofieff: Rudolf Steiner und die Grundlegung der neuen Mysterien. Stuttgart 1986. – Rudolf Grosse: Die Weihnachtstagung als
Zeitenwende. Dornach 1976.

104 Rudolf Steiner: Die Weihnachtstagung..., a.a.O., S. 86.

105 Friedrich Hiebel: Entscheidungzeit..., a.a.O., S. 219. Es folgt der
Wortlaut der Grundsteinmeditation, wie sie Rudolf Steiner am 13.
Januar 1924 im Nachrichtenblatt «Was in der Anthroposophischen
Gesellschaft vorgeht», als Beilage zur Wochenschrift «Das Goethe-
anum» veröffentlicht hat. Die Druckfassung weicht an einigen Stel-
len von der während der Weihnachtstagung gesprochenen Fassung
ab. Die Schlußworte hat Rudolf Steiner sogar innerhalb der Weih-
nachtstagung selbst von Mal zu Mal variiert.
Am 25. Dezember sprach er (S. 60):
    Daß gut werde,
    Was wir
    Aus Herzen gründen,
    Was wir
    Aus Häuptern,
    Zielvoll führen wollen.
Am 30. Dezember sprach er (S. 181):
    Daß gut werde,
    Was wir
    Aus Herzen gründen,
    Aus Häuptern zielvoll
    Führen
    Wollen.

Am 31. Dezember sprach er (S. 194):
Daß gut werde,
Was wir
Aus Herzen gründen,
Aus Häuptern lichtvoll
Führen
Wollen.
Am 1. Januar sprach er (S. 269):
Daß gut werde,
Was wir
Aus Herzen gründen,
Aus Häuptern
Zielvoll führen wollen.
Das bezeugt eindrucksvoll das Ringen des Geistesforschers um das richtige Wort.

106 Rudolf Steiner: Die Weihnachtstagung..., a.a.O., S. 54. Diese Erneuerung bezeichnet Rudolf Steiner als «wichtigstes Ergebnis» seiner Geistesforschung in den «letzten Jahren».

107 Rudolf Steiner: Die Weihnachtstagung..., a.a.O., S. 60.

107a Rudolf Steiner: Wahrspruchworte. GA 40, 4. Aufl. Dornach 1978, S. 55.

108 Rudolf Steiner: Die Weihnachtstagung..., a.a.O., S. 170 ff. Vgl. Anm. 78.

109 Vgl. Rudolf Steiner in Oslo am 11. Juni 1910: «Die Mission des Gleichgewichtes für unseren Erdenplaneten erfüllen, heißt also im Grunde genommen: die Dreiheit zu einer Vierheit machen. Deshalb wird auch das Geheimnis des Erdendaseins gewöhnlich okkult ausgesprochen mit den Worten «die Dreiheit zur Vierheit machen». Das vierte Element ist natürlich heute noch sehr unvollkommen. Es wird aber, wenn die Erde ihre Mission erfüllt haben wird, ebenso hellglänzend sein wie das heilige Dreieck, das uns mit seiner Gleichgewichtslage als das höchste Symbolum, das wir für unser Erdenideal haben, vorleuchtet, insofern wir uns an die Vergangenheit der Erde erinnern.
Es ist dieses Zusammenwirken der Elemente von Denken, Fühlen und Wollen im Innern des Menschen zunächst so, daß dieses eigentliche Innere zur Substanz der Liebe wird. Das ist dasjenige, was man das eigentlich Produktive, das innerlich Produzierende im Erdendasein nennen kann.» (GA 121, Dornach 1950, S. 104 f.).

110 Rudolf Steiner: Die Philosophie der Freiheit, Zusatz zur Neuauflage 1918. Stuttgart 1949, S. 141.

111 Novalis: Fragmente, ed. Ernst Kamnitzer. Dresden 1929, S. 555.

112 Vgl. Rudolf Steiner: Die Suche nach der neuen Isis, der göttlichen Sophia, GA 202.

113 Rudolf Steiner: Die Weihnachtstagung..., a.a.O., S. 62.

114 R. Steiner: Die Geheimwissenschaft im Umriß (1910), a.a.O., S. 406 f.

115 Vgl. R. Steiner in Dornach am 27. Januar 1923: «...indem Anthroposophie die Natur studiert, läßt sie auferstehen neu das alte Vaterprinzip. Indem sie aber Geschichte studiert, findet sie den Christus.» Lebendiges Naturerkennen. Intellektueller Sündenfall und spirituelle Sündenerhebung. GA 220. 2. Aufl. Dornach 1982, S. 180.)

116 Vgl. Friedrich Hiebel: Entscheidungszeit..., a.a.O., S. 218.